JN438493

막걸리 한잔 하고 가시오

하병주 수필집

신아출판사

막걸리 한잔 하고 가시오

하병주 수필집

책머리에

아무도 다른 이를 알지 못하고 누구나 다 외롭다.
(Kein Mensch kennt den andern, Jeder ist allein.)

고교 때 만들어놓은 먼지 낀 스크랩북을 뒤적이다가
헤르만 헤세(Hermann Hesse)의 詩 〈안개 속에서〉의 한
구절 을 발견했다.
이제야 그 의미를 어렴풋이 알 것 같다.
수필과 함께 가는 길은 외롭지 않다.
세상이 모두 나를 떠날지라도 수필은 나와 함께 있다.
내가 수필을 떠나지 않는 한.
들어줄 사람 없는 나의 言語들,
수필에 모두 쏟아놓고 나면 속이 후련해진다.
쓰는 일, 이제는 이것이 전부다.
막걸리 한잔 하면서 쉬엄쉬엄
인생길 수필과 함께 가리라.
오늘도, 내일도, 또 내일도….

2016년 가을에

저자

제1부 아리랑 고개

제2부 은인

제3부 뜨개질하는 여자

제4부 고라니 좋은 일만 했다

제5부 5월이 오면

書評

1부 아리랑 고개

그때는 그랬다

잘 있거라 아우들아 정든 교실아 / 선생님 저희들은 물러갑니다. 부지런히 더 배우고 얼른 자라서 / 새 나라의 새 일꾼이 되겠습니다.
(졸업식 노래 2절 – 윤석중 작사 · 정순철 작곡)

시상식과 졸업장 수여에 이어 사친회장님과 면장님이 축사를 하고 교장 선생님의 송별사가 있었다. 그리고 재학생의 송사와 졸업생의 답사로 이어졌다. 송사를 하는 재학생이나 답사를 하는 졸업생 모두 울먹이느라 한참씩 말이 끊겼다. 마지막으로 졸업식 노래를 불렀다.

“빛나는 졸업장을 타신 언니께…”로 시작되는 1절은 재학생이, 2절은 졸업생이, 그리고 “앞에서 끌어주고 뒤에서 밀며…”로 시작되는 3절은 졸업생과 재학생이 함께 불렀다. 1절을 부를 때부터 여기저기서 훌쩍거리는 소리가 나기 시작하다가 2절 때는 엉엉 우는 아이가 많았고, 3절 때는 아예 울음바다로 변하여 노래가 제대로 되지 않았다. 특히 여생도들이 큰 소리로 우는 애가 많았다. 나는 사내가 운다는 것이 창피해서 참으려고 안간힘을 썼지만 자꾸만 눈물이 흐르고 코를 훌쩍거렸다. 내빈석에는 흰 두루마기에 갓을 쓴 할아버지 몇 분과 흰 저고리와 검정 통치마에 낭자머리를 한 어머니들이 엄숙한 자세로 앉아 있었다. 옷소매로 눈시울을 훔치는 어머니도 보였다.

양지바른 밭둑에 쑥과 냉이가 파릇파릇 돋아나기 시작하는 이른 봄 어느 날, 순천 주암국민학교 제33회 졸업식장, 전교생 900여 명에 졸업생은 두 개 반 합해서 100명 미만이었다.

식이 다 끝난 후, 우리 2반 졸업생들은 담임선생님과 함께 교실로 옮겨가 자리에 앉았다. 정든 교실, 자기 자리에 마지막으로 앉아보는 시간이었다. 우리 반은 남녀 합해서 48명이 졸업했다. 원래는 50명 이었는데 여생도 1명은 결혼으로, 남생도 1명은 가정형편상 중퇴를 했던 것이다. 그때 우리 반에는 제 나이에 입학한 아이들보다 몇 살씩 나이 많은 애들이 반도 넘었다. 6 · 25때 학교를 중단했거나 처음부터 다니지 않다가 중간에 월반해서 입학하는 바람에 스무 살짜리도 있었다. 우리 2반은 그렇게 취학한 생도들을 모아놓은 반이었다.

48명 중에서 중학교에 진학한 사람은 여생도 한 명을 포함해서 7명뿐이었다. 가정형편이 어려워 아예 진학을 포기한 경우가 많았지만 입학시험에 합격하지 못해서 못 가는 경우도 적지 않았다.

우리 학교는 사방이 산으로 둘러싸인 작은 면 소재지에 있었고 중학교도 없는 곳이었다. 그래서 순천이나 광주 같은 도시로 나가야 중학교에 다닐 수 있었고, 입학시험에 합격하는 것이 집안의 큰 경사요 동네의 화젯거리였다. 하지만 경제적인 어려움 때문에 부모들의 부담이 컸다. 그래서 그때 유행했던 우스갯소리가 있다.

"합격하면 좋고 떨어지면 더 좋고."

담임 정 선생님이 살짝 웃음 띤 얼굴로 교단에 섰다.

그때 선생님은 40대 중반으로 학교 옆 관사에 살고 있었다.

선생님은 진학 대상자 중 여건이 되는 애들 몇 명을 관사에 합숙시키면서 특별지도를 했다. 과외공부를 시킨 것이다. 물론 과외비는 없었다. 지금 생각해보면 정 선생님은 진정한 교육자였다. 이미 세상을 떠나신 지 오래다.

우리의 얼굴을 죽 둘러보던 선생님이 입을 열었다.

"이제 우리 모두 헤어져야 할 때가 되었다. 여러분들, 그동안 나의 말에 잘 따라줘서 고맙다. 지금부터 한 시간 동안 하고 싶은 얘기들을 하고 헤어지기로 하자."

여러 가지 말들이 쏟아져 나왔다. 경칠이는 칠판에 다른 사람이 낙서를 했는데 자기가 선생님에게 종아리를 맞았던 일이 억울하다고 했고, 또 누군가는 오동도 수학여행 때 여관에서 술을 사다 마신 일을 선생님이 알고도 모른 척해 줘서 감사하다고 했다.

그 중에서도 가장 많이 웃기고 재미있었던 것은 복남이와 금순이의 연애사건에 대한 얘기였다.

어느 날 누구의 입에서부터인지 "복남이와 금순이가 보리밭에서 단둘이 만났다네." 하는 소문이 떠돌기 시작했다. 화장실에 분필로 "복남이와 금순이가 연애 걸었다네." 하고 써놓은 낙서도 있었다. 소문이 시끄러워지자 당사자들은 며칠간 결석을 했다. 낙서한 학생을 찾으려고 조사했지만 허사였다. 누군가 복남이에게 물었다. 보리밭에서 금순이와 단둘이 만난 게 사실이냐고. 복남이는 그렇다고 대답했다. 그러자 또 다른 애가 그때 보리밭에서 둘이 무엇을 했느냐고 물었다. 온 교실 안이 떠나갈 듯 웃음바다가 되었다. 금순이는 고개를 푹 숙이고 앉아 있었다. 선생님도 배를 움켜쥐고 한참 동안을 웃었다. 그때 복남이는 열아홉, 금순이는 스무 살이었다.

스스럼없이 얘기하고 즐겁게 웃고 하는 가운데 어느 새 한 시간이 지나갔다. 하지만 누구도 그만 가자거나 지루하게 생각하지 않는 분위기였다. 이때도 여생도들 중에는 훌쩍거리는 애가 많았다. 모두들 그 자리에 조금이라도 더 앉아 있고 싶어하는 눈치들이었다. 나 역시도 마찬가지였다.

나는 그때 남들이 다 부러워하는 명문 광주 서 중학교에 합격해 있었지만 그동안 정들었던 교실을 떠난다는 것이 무척이나 아쉽고 서운했다. 그러나 아무리 떠나기 싫어도 떠나야 했다. 나는 교실 안을 다시 한 번 둘러봤다. 선생님도 우리를 보내기가 서운한 듯 쓸쓸한 표정으로 창밖을 내다보고 있었다.

우리가 밖으로 나올 때까지 졸업식에 참석했던 할아버지

와 어머니들이 교실 밖 오동나무 밑에서 기다리고 있었다.

그때 대복이 어머니가 검정 보자기에 싼 것을 담임선생님에게 내밀면서 허리를 몇 번이나 굽실거렸다. 우리는 모두 무엇인지 궁금했는데 알고 보니 그건 삶은 고구마였다.

대복이는 졸업할 때까지 국어책을 읽지 못해 선생님에게 야단도 많이 맞은 애였다.

교문에서 또 작별인사를 하는 데 한참이 걸렸다. 선생님도 교문까지 나와 일일이 머리를 쓰다듬어주고 손을 잡아주고 하면서 잘 가거라 또 만나자 하고 손을 흔들었다.

나의 초등학교 생활이 끝나는 날이었다.

엄마 잘 가, 엄마 잘 가…

어머니가 돌아가셨다는 동생의 전화를 받았다. 전혀 예상 못한 일은 아니었다. 자리보전하고 누워 손 발 하나 못 움직인 지 6년이나 되었으니 할 수 있는 일은 다 해보았고 이제 인력으로는 어쩔 수 없는 형편이었다.

서울에 있는 일가친척들에게 알리고 광주로 달려갔다.

병원에 도착하니 이미 빈소가 마련되어 동생이 조문객들을 받고 있었다.

나에게는 배다른 동생이고 지금 돌아가신 어머니가 낳은 친 아들이다. 그러니까 나의 계모님이 돌아가신 것이다.

계모라고는 해도 나에게는 특별하다. 나를 낳은 어머니

는 내가 어린 아기였을 때 여의어 얼굴도 기억하지 못한다.

이 계모님 손에서 내가 자랐고 만난 지 60년도 훨씬 넘었다. 당신이 직접 낳아서 기른 자식들보다도 더 긴 세월을 나와 함께 한 것이다. 따라서 계모님이 바로 내 어머니다.

아버님이 일찍 돌아가시자 집안 대소사를 모두 챙기며 살았고 금년 연세가 93세였다.

영정 사진 속에서 어머니가 살짝 웃음 띤 얼굴로 나를 내려다보고 계셨다. 꼭 무슨 말인가 걸어올 듯한 표정이었다. "왔냐?" 하면서 평소처럼 반갑게 내 손을 잡아줄 것만 같았다. 국화꽃 한 송이를 바치고 향을 사른 후 절을 올리고 어머니 얼굴을 다시 한 번 바라보니 울컥 설움이 복받쳤다. 여동생들이 몰려와 나를 붙들고 흐느꼈다.

원래 우리 형제간은 형님과 나, 둘 뿐이었는데 어머니가 새로 들어와 아들 하나와 딸 여섯을 낳아서 모두 9남매가 되었다. 그런데 나에게 하나뿐인 형님이 40세에 작고하여 내가 장남이 되었지만 어머니는 자연히 남동생이 모시고 살아왔다. 돌아가실 때까지 꼬박 6년간을 움직이고 말하고 하는 것을 전혀 못 했다. 음식을 떠먹이고 대소변도 다 받아내야 되는 처지였다. 그 수발을 동생과 제수씨가 모두 해냈다. 주위 사람들은 다들 요양시설로 모시라고 권했지만 동생은 들은 척도 않고 묵묵히 수발만 할 따름이었다. 제수 또한 그 남편에 그 아내였다. 어쩌면 이 시숙에게 어머니 간병이 힘들다든가 불평하는 따위의 말 한마디는 할 법도 한데 단 한 번도 그런 말을 들어본 적이 없다. 얼마나 힘드시냐고 내가 위로하는 말이라도 한마디 하면 "제가 안 하면 누가 하겠어요." 하고 말해서 오히려 나를 겸연쩍게 만들곤 했다. 효자 효부는 억지로 되는 것이 아니라 세상에 나올 때부터 타고난다는 생각이 든다. 동갑내기로 만난 동생 부부는 작년이 회갑이었다.

장례식장에서 주는 상복으로 갈아입고 맏상주 노릇을 시작했다. 상복이라고 해야 위아래 검은 색 양복과 검은 가로 줄 두 개가 쳐진 흰 완장을 왼쪽 팔에 두른 것뿐, 두건頭巾도 없었다. 전에 아버님이 돌아가셨을 때는 완전한 굴건제복屈巾祭服에 대나무 지팡이를 짚고 짚신을 신었다. 그 복장이 무겁고 불편하여 무척 힘들었는데 이번에는 복장이 간편해서 조문객이 줄을 이었지만 한결 수월한 편이었다. 시대의 변화를 실감했다.

가족들 모두 입관실로 오라는 연락이 왔다. 이승에 남은 가족들이 가시는 분의 얼굴을 마지막으로 보는 시간이었다. 아들 딸 며느리 손자 손녀들 모두 입관실로 들어갔다.

거기 어머니가 누워 계셨다. 얼굴을 덮었던 천을 벗기니 핏기 없는 얼굴이 목각 인형 같았다. 딸들과 며느리들이 어머니의 몸에 엎드려 오열했다.

생시보다 훨씬 작아진 몸과 쪼그라든 얼굴, 7남매를 낳아 길러내고 혼자 된 몸으로 온 집안 살림살이를 휘어잡아 처리해 나가던 그 당찬 뚝심은 어디서 나왔을까. 손을 잡아봤다. 차디차고 딱딱한 감촉이 마치 바싹 마른 거칠거칠한 나뭇가지 같았다.

만감이 교차했다. 수십 년, 긴 세월에 어찌 서운한 일이 전혀 없기야 했을까. 설령 친 자식이라 해도 언제나 좋을 수만은 없는 법. 이제 모두 내려놓고 떠나시는 마당에 내 자신이 지지리 못나서 후회되고 죄송한 마음뿐이었다.

어머니의 바람대로 내가 판 · 검사가 되었더라면 보내 드리는 마음이 조금은 덜 아플 걸. 어머니는 내가 법과대학에 들어가자 틀림없이 고등고시에 합격할 것이라 믿었다. 어머니뿐 아니라 가족 모두와 일가친척까지도 그랬다. 하지만 내가 그 기대를 저버리고 말았다. 이제 와서 지난 일을 자책해본들 무슨 소용이 있으랴.

농촌에서는 모두가 가난했던 그 시절, 땅마지기나 있어 먹고 살만 하다고는 해도 내가 도시로 나가 중학교부터 대학을 졸업할 때까지 10년간을 뒷바라지하기에 그 고생이 오죽했을까. 그런데도 우리 아들 하나만 출세하면 온 집안에 꽃이 핀다고 하면서 힘든 일 속에 묻혀 사신 어머니. 남들에게 나를 가리킬 때는 항상 "우리 큰 아들, 우리 큰 아들" 하고 말해서 동네 사람들의 부러움을 사기도 했었다.

"니가 출세하면 설마 친 어매 아니라고 나를 못 본 체 하랴 싶어 가을걷이를 힘든 줄 모르고 해냈다."

오래 전에 들었던 그 말씀이 가슴을 아프게 후볐다.

딸, 며느리의 울음소리가 점점 높아졌다. 특히 막내 여동생의 슬퍼하는 모습은 남달랐다. "엄마 잘 가, 엄마 잘 가아…." 하면서 몸부림치는 걸 차마 볼 수 없어 나는 돌아서서 흐느꼈다. 많은 자식들 중에 특히 막내는 어렸을 때 몸이 약해서 유달리 병치레가 잦았다. 그래서 어머니가 항시 안쓰러워하고 마음을 졸였는데 의외로 강인하게 자라난 아이다. 더구나 간호사가 되어 어머니가 위급할 때마다 밤낮 안 가리고 달려와 응급처치를 수도 없이 했다.

그러니 어머니에 대한 애틋한 정이 누구보다 특별할 수밖에 없었다.

울음이 끝날 줄 몰랐다. 딸이 많아야 초상집 마당이 걸다는 말이 있다. 한 사람이 어머니 살았을 때의 일을 들먹이면서 울면 그 소리를 듣고 따라서 통곡을 하고 또 옆에서 같이 울고….

그칠 것 같지가 않았다. 어쩔 수 없이 장례식장 사람이 억지로 밀어내다시피 하고 어머니를 입관시켰다.

막내의 울음소리가 귀에 쟁쟁하고 자꾸만 눈앞이 흐려진다.

"엄마 잘 가, 엄마 잘 가아…."

L여사의 사계四季

L여사에게 전화를 했더니 지금 막 나가는 길이란다. 오늘이 중국어 배우러 가는 날이라는 것이다. 그녀는 늘 바쁘다. 춘 · 하 · 추 · 동 사계절 어느 하루도 한가하게 지내는 날이 없다. 사는 방식이 좀 별난 데가 있다.

그녀는 올해가 회갑이다. 자녀는 아들 하나와 딸 하나, 남매를 두었는데 모두 결혼해서 따로 나갔고 지금은 남편과 둘이서만 일산에서 59평 아파트에 살고 있다. 동갑인 남편은 160여 명의 사원을 거느린 회사의 대표이사 사장이다. 경제적 여건은 우리 사회의 상류층에 속한다고 볼 수 있겠다.

L여사는 어렸을 때 힘든 시절을 보냈다. 7남매의 맏이로 태어나 엄마가 일찍 돌아가시는 바람에 어린 동생들의 엄마 노릇까지도 하지 않으면 안 되었다. 그리 넉넉지 못한 형편에 엄마마저 세상을 떠나버리자 여고 졸업 후 대학진학의 꿈을 접고 동생들 뒷바라지와 집안 살림살이에 매달려야 했다.

일반적으로 사람은 보상심리가 작용하기 마련이라고 한다. 가난으로 고생했던 사람이 부자가 되면 자신의 불우했던 과거를 보상 받으려 한다는 것이다. 값비싼 보석을 사들이고 외제차, 명품 가방, 명품 옷으로 호사를 누리고 값싼 대중음식점에는 들어가지 않는 등 의식적으로 보통 사람들과 차별화하기에 신경을 쓴다는 것. 또는 자기의 과거를 아는 사람을 기피한다든지 고향 친구와는 담을 쌓기도 한다.

드문 경우지만 더러는 성격이 모지락스럽게 변해서 가난하고 약한 자를 무시하고 학대하는 데 만족을 느끼는 가학적인 인간이 되는 경우도 있다는 것이다. 이런 현상을 일종의 '한풀이'로 보는 견해도 있다. 머슴살이해서 부자가 된 사람이 자기가 부리는 머슴에게 새경(사경私耕) 주는데 지독히 인색하고 혹독하게 일을 시키는 것을 시골에 살 때 본 일이 있다. 이런 것들은 사회적 약자가 신분상승이 되었을 때 나타날 수 있는 부정적인 측면들이지만 예외 없이 모두 그런 것은 아니다. L여사가 바로 그 예외의 경우에 해당된다고 하겠다.

그녀가 결혼하고 생활에 여유가 생기자 두 아이를 키우면서 40대 후반에 방송통신 대학을 졸업했다. 대학을 가지 못했으니 으레 그러려니 했는데 그게 다가 아니었다. 남편이 회사에서 지위가 높아져 경제적으로 넉넉하게 되자 그녀가 하는 일은 더욱 많아지고 일상이 바빠졌다. 상담사 자격증을 취득하여 중·고교에서 상담활동을 하고 있다. 뿐만 아니라 한문 서당에도 다녀 사범 자격을 따냈고 십팔사략十八史略과 맹자孟子를 배운다는 것이다. 그리고 요즘에는 중국어 공부를 시작했다고 한다. 그러면서도 토요일에는 남편과 함께 노인복지회관에 나가 노인들을 위한 봉사활동도 한다. 또 일요일에는 성당에 가서 미사 드리고 교우들 300여 명분의 식사 챙겨주는 일을 돕는다. 그러니 주말이나 공휴일에도 한가할 틈이 없다.

그녀는 늘 말이 없는 편이다. 누구의 흉을 본다든가 요시랑비시랑 남의 이야기를 늘어놓지 않고 자기 자랑도 하지 않는다. 얼마 전에 만났을 때 회갑 선물로 남편에게서 무엇을 받았느냐고 물어본 적이 있다. 그녀는 신형 그랜저를 받았다는 말을 그저 덤덤하게, 지나가는 말처럼 한마디 하고 말았다.

그녀의 남편 또한 대단한 사람이다. 그만한 규모의 회사 사장이면 늘 바쁘고 만나야 할 사람도 많을 텐데 주말이나 공휴일에는 여간해서는 외출을 하지 않는다는 것이다.

뿐만 아니라 평소 퇴근 후에는 아내와 함께 호수공원을 거닐며 아내의 말을 들어주는 시간을 갖는다고도 했다.

나는 그들 부부가 서로 다투었다는 말을 아직까지 들어본 적이 없다. 남편은 아내가 하는 일을 전적으로 존중해 주지만 서로 의견이 다를 때는 기어코 아내를 설득하고 만다는 것. 그래서 L여사는 언제나 남편에게 설득만 당하고 자기의 주장을 펴지 못하고 산다 생각하면 조금 억울한 생각이 들긴 해도 기분은 괜찮다고 한다. 그녀의 남편은 아내를 지칭할 때 항상 '이 친구'라는 호칭을 쓴다.

아무리 생각해도 L여사가 살아가는 방식은 나의 상식을 벗어난다. 이제 사치도 좀 하고 끼리끼리 어울려 다니며 '티'를 내고 '사모님' 노릇을 할만도 한데 전혀 그렇지가 않다. 그냥 보통 아낙으로 늘 바쁘기만 하다. 골프장에 가는 대신 탁구장으로 가서 운동을 한다. 그렇다고 그녀가 꾀죄죄하게 못난 것도 아니다. 특별히 눈에 띄는 미인은 아니지만 165cm 가량의 작지 않은 키에 얼굴은 훤하고 눈은 맑게 빛난다. 표정은 언제나 밝고 몸가짐은 흐트러짐이 없다.

내 아내가 L여사에게 물어본 적이 있다. 이제는 인생을 즐기면서 편하게 살아도 되는데 왜 늘 동동거리면서 바쁘고 힘들게 사느냐고.

그녀는 말없이 웃기만 했다.

이모

아파트 놀이터 옆 벤치에 우리 앞집 '이모'가 고개를 푹 떨어뜨리고 앉아 있다. 또 무슨 속상한 일이 있었을까? 그녀는 늘 고달프다. 몸이 힘든 것보다 마음이 더 피곤하다.

차라리 들에 나가서 농사일을 한다든지 부엌에서 음식을 만들고 설거지하는 게 열 번 백 번 낫겠다는 말을 입에 달고 산다. 맡은 아이가 말을 잘 듣기라도 하면 좋으련만 언제나 제 고집대로니 죽을 지경이다. 이제 겨우 일곱 살 난 게 한 성깔 해서 속을 뒤집어 놓기가 일쑤다. 그럴 때는 콱 한 대 쥐어박고 싶지만 제 엄마 아빠가 알면 까무러칠지도 모른다.

요새 젊은 사람들은 아이에게 들어주지 않는 일이 없다시피 하고 "안 돼! "소리를 하지 않는다. 그러니 아이가 제멋대로일 수밖에 없다. 그걸 참고 있자니 40℃를 육박하는 요즘 날씨보다 더 속이 끓어오른단다. 이것은 아내가 이모에게 듣고 와서 나에게 전해준 이야기다.

이모는 젊은 부부가 맞벌이하는 앞집 아이를 시간제로 돌봐주는 여자에 대한 호칭이다. 올해 나이 56세로 Y시에서 여고를 나왔다고 한다. 누가 처음에 이모라고 부르기 시작했는지 모르지만 참 잘 했다는 생각이 든다. 흔히 마트나 음식점 여종업원에게 사용하는 '언니'나 파출부에게 쓰는 '아줌마'라는 말보다 한층 정겹게 들리고 아이에게도 더욱 친근한 느낌을 줄 것 같다. 또 아이의 엄마보다 나이가 많든 적든 이모라고 부르는 것이 가장 자연스런 호칭이다.

앞집 이모는 1주일에 화 · 수 · 금 3일 동안 하루에 5시간씩 15시간 아이 봐주기와 거실 청소 기타 허드렛일 등을 해주고 15만 원, 한 달에 60만 원을 받는다고 한다. 시간당 만 원을 버는 셈이다.

반 지하 두 칸짜리 방에서 월세로 사는 이모는 딸 · 아들 남매를 두었는데 딸은 출가하고 지금은 세 식구 밖에 없으니 많은 편은 아니지만 돈을 벌어들이는 사람은 이모 혼자 뿐이다. 남편이란 사람은 믿을 수가 없다. 아파트 경비원으로 들어가도 한 달을 못 버티고 나오기를 반복하고 있다.

게다가 서른 살이 넘은 아들은 하루 종일 컴퓨터에 매달려 게임만 하면서 안 벌고 안 쓰겠다고 한다니 속이 터질 일이다. 그래서 한 달에 60만 원 가지고는 살 수가 없어 앞집 외에 다른 집 아이를 또 맡고 있다고 한다.

학교를 다니거나 아주 어리면 차라리 낫겠는데 일곱 살 된 아이 보기가 가장 어렵다는 것이다. 옛날 어른들이 '미운 일곱 살'이란 말을 흔히 썼는데 지금도 그런 것인가?

아이가 얼마나 재장궂고 감푼지 어린이집에 가 있는 시간을 빼고는 한시도 눈을 뗄 수 없다. 게다가 고집까지 세서 더욱 힘들다.

한 번은 아이가 놀이터에서 계속 놀고 집에 안 들어가려고 해서 손을 잡아끌며 들어가자고 했더니

"이모 가버려! 없어져버려!"

하고 악을 쓰더라는 것이다. 하도 분하고 서러워서 한 시간을 혼자 운 적도 있다고 했다. 당장 때려치우고 싶어도 놀고 있는 남편과 아들을 생각하면 그럴 용기가 나지 않는다.

이 집을 그만두고 다른 집으로 옮긴다고 해도 지금까지의 경험으로 보아 특별히 달라질 것도 없다. 그나마 아이의 엄마 아빠가 성격이 무던해서 견디고 있는 중이다. 이래저래 자기의 기구한 팔자타령만 늘어간다고 한다. 이모는 키도 적당히 커서 몸매가 늘씬하고 첫 인상이 시원한 여인이다. 아내와 같이 가다가 인사를 나눈 적이 있는데 활짝 웃으며 인사하는 품이 가난에 찌든 티가 조금도 나지 않고 활달한 성격으로 보였다. 그런 여자가 저리도 맥없이 주저앉아 있을 때는 무엇인가 큰 심적 타격을 또 받았을 것이다.

그 아이에 대해서는 나도 겪은 일이 하나 있다. 여기 이사온 지 며칠 안 되었을 때였다. 아내와 함께 엘리베이터를 타기 위해 서 있는데 앞집에서 여자 아이 하나가 후다닥 뛰어나오더니 우리를 밀어젖히듯 하고 앞에 섰다. 그때 엘리베이터 문이 열려 타려고 하자 아이가 손을 내저으면서 소리 쳤다.

"타지 마세요! 나 지금 바빠서 먼저 가야 해요."

나는 너무도 어이가 없어 웃으면서 그냥 타려는데 기어코 못 타게 발악을 하는 것이 아닌가. 그러는 사이에 엘리베이터 문이 닫히고 결국 우리는 타지 못 했다. 그런 아이이니 이모의 속을 얼마나 썩일지 짐작이 가고도 남는다.

한 달에 100만 원도 못 되는 금액에 매달려 어린 아이에게 무시당하면서도 마른 입술을 피가 나게 깨물며 참는 이모, 세상이 왜 이리 불공평하냐고 푸념하는 이모에게 시 한수를 들려주고 싶다.

세상은 세상은 큰 잔칫집 같아도
어느 곳에선가 늘 울고 싶은 사람들이 있어
마음의 문들은 닫히고 어둠이 허기 같은 저녁
눈물 자국 때문에 눈물 자국 때문에
속이 훤히 들여다보이는 사람들과
따뜻한 국수가 국수가 먹고 싶다.

–이상국의 〈국수가 먹고싶다〉중에서–

두부 한 모

한파 특보가 내려졌다. 서울 기온이 -5℃라지만 바람이 세게 불어 체감 온도는 -10℃를 밑돌 것이라는 보도였다.

입동, 소설이 다 지났으니 추울 때가 되었다고는 해도 연일 포근하다가 갑자기 기온이 내려가 유난히 추운 것 같다.

거리를 지나는 사람들은 발걸음이 빨라지고 점퍼 후드가 머리를 덮었다. 땅 위를 구르는 낙엽은 버스럭거리며 이리저리 몰려다니고 머리 위에서 전선줄을 때리는 바람이 쇳소리를 낸다.

집으로 돌아가는 길이었다. 바지 주머니에 두 손을 넣고 한눈 팔 틈도 없이 발길을 재촉했다.

목은 자라목이 되고 몸은 고슴도치처럼 바짝 오그라들었다. 집에서 나올 때 옷을 좀 더 단단히 입지 않은 게 후회되었다. 땅만 보고 부지런히 걷고 있는데 길가에서 물건 파는 여자의 부르는 소리가 들렸다.

"아버님, 두부 한 모 팔아주세요."

그러거나 말거나 나는 내 갈 길만 재촉했다. 지나다니면서 그 자리에서 종종 보던 여자였다. 아침에 나갈 때 보았는데 해가 설핏하기까지 그대로 있었다. 아직 마흔은 좀 못 되었을 여자가 길가에 좌판을 놓고 청국장, 콩나물, 두부, 청포묵 등 찬거리 몇 가지를 판다. 더러 두부나 콩나물을 사들고 들어가기도 했다. 하지만 그날은 너무도 추워 그런 걸 생각할 겨를이 없었다. 뒤에서 또 한 번 부르는 소리가 들렸지만 돌아보지도 않았다.

집에 들어와 추위를 녹이고 한숨 돌리자 비로소 두부 한 모 팔아달라고 사정하던 목소리가 다시 들렸다. 형편이 오죽했으면 이 추운 날 길거리에서 아버님 두부 한 모 팔아주세요, 어머님 콩나물 한 봉지 들여가세요 하고 하루 종일 서 있으랴. 남편 없이 어린 애들을 데리고 혼자 사는 여자일까? 월세방에 살면서 이달 방세를 아직 내지 못한 건 아닐까? 가지가지 생각이 꼬리를 물고 일어나 마음이 불편해졌다. 크게 잘못을 저지른 것 같았다. 꼭 무엇인가 해야 할 일을 하지 않은 것처럼 께름칙했다. 평소에 내 자신이 없는 사람 사정을 잘 이해한다고 자부하던 터라 더욱 그랬다.

나는 춥다는 생각만 하고 그냥 지나치고 말았지만 그녀로서는 아침에 가지고 나온 물건을 다 팔아야 오늘의 생계 문제가 해결되는 절박한 사정이 있는지도 모를 일 아닌가.

도저히 그냥 있을 수가 없었다. 벗어 놓았던 옷을 다시 주섬주섬 걸치고 집을 나섰다.

집에 들어온 지 꽤 시간이 지났는데 그동안 여자가 물건을 챙겨 들어가 버리지나 않았는지 은근히 걱정이 되었다. 아파트 정문을 나서자 멀리 서 있는 여자가 보였다. 다행이었다. 여자는 몸을 잔뜩 움츠리고 서서 두 손을 비비며 지나가는 사람들에게 두부, 콩나물 팔아달라는 말을 계속하고 있었다. 하지만 사람들은 총총히 발길을 옮길 뿐, 물건을 사는 모습은 눈에 띄지 않았다. 바람이 점점 세어져서 여자가 더욱 춥게 보였다. 입고 있는 겉옷도 빈약했다. 흔해빠진 오리털 점퍼도 입지 않았다.

두부 한 모와 콩나물 한 봉지를 4천 원에 샀다. 전에는 무심코 보았는데 처음으로 자세히 보니 여자가 무척 깨끗하고 선량하게 생긴 얼굴이었다. 가족이 몇이나 되느냐, 집은 있느냐는 등 물어보고 싶은 말이 많았지만 차마 묻지는 못했다. 두 가지를 사면 5백 원 깎아준다면서 내미는 동전을 받지 않고 그냥 돌아섰다.

"감사합니다, 고맙습니다, 맛있게 드세요."

뒤에서 얼어붙은 여자의 목소리가 따라왔다. 마음이 후련했다. 마치 중요한 일을 해내기라도 한 양 흐뭇했다. 추운 날씨가 별로 추운 것 같지도 않았다. 두부를 보자 생각이 나서 마트에 들러 막걸리도 한 병 샀다.

저녁 식탁에 콩나물국과 양념장을 친 생두부가 올라왔다. 우선 막걸리 한 사발을 찰찰 넘치게 따라 단숨에 주욱 들이켰다. 시원한 막걸리가 들어가자 목구멍이 얼얼하고 뱃속이 짜릿한 게 그렇게 기분이 좋을 수가 없었다. 유별나게 술맛이 당겼다. 아내가 말했다. 찬거리를 사러 갈래도 너무 추워서 못 갔는데 어떻게 알고 사 왔느냐고. 참 신통하다고. 아내의 칭찬하는 말이 전에 없이 기분 좋게 들렸다.

생두부와 콩나물국이 특별히 맛있는 저녁, 두부장수 여인 집에도 따뜻하고 평화로운 저녁식사 자리가 되기를 바라면서 막걸릿잔을 들었다.

까치 부부의 새집 짓기

눈부신 햇살–.

봄빛이 완연하다. 창밖으로 보이는 미루나무 가지에 윤기가 흐른다. 목련나무 솜털 망울이 한껏 부풀고, 저 건넛산 솔밭 빛깔이 더욱 푸르다. 새집을 짓는 까치 부부가 요즘 들어 부쩍 바빠졌다.

부산하게 나뭇가지를 물어다가 열심히 집 짓는 모습이 재미있고 대견하다. 거실에만 나오면 그 모습이 바로 눈에 들어온다. 지난달부터 까치 한 쌍이 미루나무 주위를 며칠간이나 맴돌며 살피더니 터가 마음에 들었는지 집을 짓기 시작했다. 날씨가 독하게 춥고 눈보라가 칠 때는 일을 중지

하고 짓던 집 옆에 웅크리고 있더니 요새 날이 따뜻해지자 작업을 서두르는 게 눈에 띈다. 이제 집이 거의 다 되어간다. 시작한지 한 달 반 정도나 되었다.

까치가 집 짓는 모습을 자세히 보면 처절할 정도로 필사적이다. 자기의 몸길이 보다 더 긴 나뭇가지를 힘겹게 물어와 집을 얽으려다 떨어뜨리기 일쑤다. 땅으로 내려와 다시 물고 올라가다가 이번에는 물고 있는 나뭇가지가 미루나무에 걸려 또 떨어진다. 그러기를 여러 번 하면서도 결코 포기하지 않는 집념이 놀랍다.

사람이 집 한 채 짓는데도 저토록 힘들까 싶을 정도다.

어떤 때는 떨어진 나뭇가지를 주워 올려주고 싶을 정도로 안타깝다. 조류학자들은 까치를 건축의 명수라고 말하지만 내가 보기에 까치의 집 짓는 행위는 예술이다. 나뭇가지 하나를 끼워 넣는데도 오랜 시간이 걸린다. 입으로 물어서 정성스레 끼워 넣고는 그 옆의 가지를 또 물어서 맞추어 다진다. 아직까지 어지간한 비바람에는 까치집이 부서져 내린 걸 본 적이 없다.

까치들에게 어려운 점은 또 있었다. 어느 날 열심히 일하고 있는 그들에게 뜻하지 않은 변고가 생겼다. 그날도 거실에 서서 그들의 작업하는 모습을 흥미롭게 바라보고 있었다. 그 때였다.

갑자기 까치 두 마리가 날아들어 네 마리가 되었다. 곧 이어서 치열한 싸움이 시작되었다. 싸움이 얼마나 격렬한지 두 마리씩 엉겨 붙어 공중에서 싸우다가 땅 위로 떨어지기까지 했다. 털이 빠져 바람에 날렸다. 위험하기 짝이 없다. 싸우는 데 정신이 팔려 주위에서 들고양이가 노리고 있어도 알아차리지도 못할 정도였다. 몇 시간 동안을 그렇게 싸우다가 두 마리가 멀리 떠나고 나서야 비로소 싸움이 끝났다. 그러나 겉으로 보기에는 어느 게 주인 측이고 어느 게 침략자인지 구별할 수가 없었다. 아마도 싸움에서 이긴 측이 주인 까치일 거라 생각될 뿐이다. 만약 주인이 싸움에 패했다면 다 되어가던 집에 미련을 버리지 못해 그 주위를 맴돌 것이지 그리 쉽게 멀리 떠나버리지는 못했을 것이다.

그 후로는 일을 나갈 때도 두 마리가 동시에 나가지 않고 한 마리는 집을 지키고 있었다.

나중에야 안 사실이지만 까치도 사람과 같이 늑장부리고 게으른 녀석들이 있다는 것이다. 집을 지어야 할 때 빈둥거리고 놀다가 산란기가 닥치면 마음은 급하고 일은 하기 싫어 남이 지어 놓은 집을 빼앗는 경우가 더러 있다고 한다.

불량하기 짝이 없는 녀석들이다. 그렇지만 뱁새 집에 몰래 탁란托卵 하여 제 새끼를 길러내고 뱁새 알은 집 밖으로 떨어뜨려버리는 뻐꾸기에 비하면 더 나쁘다고 할 것도 없다.

새로 보금자리를 마련하고 자식을 낳아 기르고 하는 일은 희망과 즐거움도 있지만 수많은 어려움과 인내가 따르기 마련이다. 사람이나 동물이나 다를 바 없다. 나 또한 아내와 함께 신접살림을 차리고 아이들을 낳아 기르면서 숱한 시련이 있었다. 그러면서도 미래에 대한 꿈과 포부가 있어 그래도 즐거운 나날이었다.

까치 부부는 지금 행복에 젖어 있을 것이다. 집도 거의 완성되었고 침략자도 물리쳤다. 기상 이변으로 그들이 처음 겪어보았을 혹독한 추위도 물러가고 따듯한 봄볕이 새 집을 비춰준다. 다음 달쯤에는 알을 낳고 새끼를 칠 것이다.

까치 부부가 무사히 새집 짓기를 마치고 알을 낳아 새끼들을 건강하게 길러 떠나기를 바란다.

아리랑 고개

아리랑 교통–.

이사를 하기 위해서 처음 집을 보러 이곳에 왔던 날, 전철에서 내려 탔던 버스 회사 명칭이다. 나는 속으로 그 회사 이름을 지은 사람이 꽤 멋을 아는 사람이라고 생각했다. 하지만 나의 그런 생각은 불과 10분도 채 못 되어 틀렸음을 알게 되었다. 버스에 올라 조금 가자 차내 안내 방송이 나왔다.

"이번에 정차할 곳은 아리랑 고개입니다. 다음은 아리랑 시장입니다."

안내 방송뿐만이 아니었다. 차창 밖으로 보이는 간판들

도 그랬다. 아리랑 식당, 아리랑 슈퍼, 아리랑 마트…. 이 동네에 웬 아리랑이 이리도 많을까? 의아하게 여겼으나 그것도 금방 알게 되었다.

여기가 바로 그 유명한 영화 《아리랑》 촬영지였던 것이다.

중학생 때, 그 영화를 본 적이 있다. 수십 년 세월이 흘렀지만 실성한 주인공이 낫을 들고 설치던 모습은 지금도 똑똑히 기억하고 있다.

영화 《아리랑》은 일제 강점기에 우리나라 최초의 감독인 춘사 春史 나운규 羅雲奎 (1902~1937)가 각본, 주연, 감독, 제작을 도맡은 무성 영화로 1926년 10월1일에 단성사에서 개봉되어 폭발적인 인기를 얻고 세상을 떠들썩하게 한 영화다.

영화의 클라이맥스는 주인공 영진(나운규 분)이 누이동생 영희(신일선 분)를 겁탈하려는 일본 경찰 앞잡이인 악덕 지주 오기호를 낫으로 찍어 살해하고 오랏줄에 묶여 고개(지금의 아리랑 고개)를 넘어갈 때 주제가 아리랑이 울려 퍼지면서 영화는 끝난다.

이 끝 장면에서 관객들은 일제히 일어나 아리랑을 다함

께 부르고 울며 '조선독립 만세'를 외치기도 하는 등 완전히 흥분의 도가니였다고 한다. 그 감동의 원인은 영화의 내면에 흐르는 일제 압박에 대한 겨레의 울분이었다. 지금 나의 기억에도 그 장면이 어렴풋이 남아 있지만, 그때는 이미 시대가 많이 변하여 그와 같은 감동의 분위기는 아니었다. 그리고 내가 봤던 아리랑은 나운규가 제작한 원본이 아니고 아마도 김소동金蘇東 감독이 1957년에 각색했다는 작품이었을 것이다.

이 영화는 나운규가 20대 중반에 만든 민족정기와 항일정신을 고취시키는 한국 최초의 민족영화다. 단성사에서 아리랑이 개봉된 그날은 일본이 조선총독부 건물 낙성식을 하는 날이었다고 한다. 그러니 일본의 검열과 방해 공작이 얼마나 심했을 지 알만하다. 필름 원본은 바로 압수당했고 지금까지도 찾지 못하고 있다는 것이다.

영화의 천재로 불리고 민족정신이 투철했던 나운규가 35세의 나이로 요절한 건 안타까운 일이다. 천재적인 재능을 타고나서 뚜렷한 흔적을 남기는 사람들은 세상에 오래 머물지 않는 것일까? 시인 김소월(본명 金廷湜), 작가 이상(본명 金海卿), 시인 노천명(본명 盧基善), 가요 황제 남인수(본명 姜文秀) 등이 아깝게도 모두 20~40대 나이로 타계했다.

서울 성북구 돈암동 네거리를 기점으로 하여 돈암동과 동소문동을 지나 정릉길에 이르는 지점까지의 1,450여 미터 쯤 되는 지선도로, 여기가 바로 서울 돈암동 '아리랑 고개' 다. 서울 전체 가로명 가운데 '대로'나 '로' 또는 '길'이 아닌 '고개'로 부르는 유일한 도로다. 물론 우리의 민요 아리랑에서 삶의 고달픈 대목을 뜻하는 상징적인 의미의 그 아리랑 고개는 아니다. 옛날에는 정릉 고개라고 부르던 곳인데 영화 아리랑을 촬영한 후 이름이 바뀌었다고 한다.

전에 내가 영화에서 봤을 때는 한적하고 자갈이 깔린 좁은 오르막길이었는데 지금은 널찍한 포장도로 양쪽으로 빌딩과 아파트 숲이 들어찬 번화가로 변했다. 이 길이 영화의 거리로 지정되었고 아리랑 시네센터(CINE CENTER -극장)와 아리랑 정보도서관이 있다. 여기에서 정릉 쪽으로 올라가면 작은 재래식 시장이 있는데 여기가 '아리랑 시장' 이다.

영화 아리랑은 탐미적耽美的이거나 낭만적浪漫的인 작품이 아니고 의도적으로 우리 민족의 조국을 잃은 울분과 설움을 담아냈다. 생각하면 아리랑 고개는 우리가 일제의 침략으로 참담했던 과거를 되돌아보고 숙연해야 하는 곳이다.

하지만 세월이 흐르면 다 잊기 마련인가. 오가는 사람들은 그저 무심히 지나다니고 영업소 간판에나 아리랑이라는 이름을 이용할 뿐이다.

사람이 살아가면서 겪게 되는 일은 참으로 알 수 없는 수수께끼와도 같다. 중학교 시절 광주에서 봤던 영화 아리랑의 촬영지, 서울 돈암동 아리랑 고개가 있는 동네에서 내가 살게 될 줄은 꿈에도 생각지 못했다. 우리나라 영화계에 큰 획을 그은 《아리랑》이 만들어진 이 지역에 살게 되어 감회가 깊다.

나는 요즘 아내와 함께 아리랑 시장에서 채소와 생선을 사기도 하고, 더러는 아리랑 식당에서 삼겹살에 소주를 마신 후 아리랑 마트에서 과일을 사들고 아리랑 고개를 넘어서 집으로 돌아온다.

짜장면에 대한 추억

내가 짜장면을 처음 먹어본 것은 초등학교 4학년 때, 시골 버스 정류소 옆에 있는 중화요릿집 '산동반점'에서였다. 그 앞을 지나다닐 때마다 들어가 보고 싶어도 돈이 없었고, 설령 돈이 있다 하더라도 혼자서는 들어갈 용기가 나지 않았다.

어느 일요일, 학교 운동장에 놀러 갔다가 담임선생님이 교실 환경정리하는 걸 도와주었더니 끝나고 나서 산동반점으로 나를 데리고 갔다. 입구에 가려진 파란 천을 들추고 들어가서 먹었던 짜장면의 그 희한한 맛이 지금도 입 안에 남아 있는 것 같다. 어떻게 먹어야 할 지를 몰라 망설이고 있자 선생님이 비벼줬지만 무척 서투르게 먹었던 기억이 난다. 얼굴이 온통 짜장 범벅이라고 웃으며 선생님이 닦아주었다. 검정 벨벳 치마에 흰 저고리를 입고 뾰쪽 구두를 신은 여선생님. 시골에서는 보기 드문 하얀 얼굴에 안경을 끼고 어깨에 찰랑거리는 검은 머리칼, 그 여선생님은 그때까지 내가 본 여자 중 세상에서 가장 예쁘고 옷을 잘 입은 멋쟁이였다.

짜장면을 먹는 맛은 독특하다. 달콤하면서도 고소하고 불에 태운 것 같은 알싸한 냄새가 코를 확 자극한다. 쫄깃한 면발을 씹는 재미가 있고 툼벅툼벅 썰어 넣은 감자와 돼지고기를 꼭꼭 깨무는 맛도 좋다. 요새는 종류도 다양해서 간짜장, 삼선짜장, 유니짜장 등 가짓수가 많아졌다. 하지만 나에게는 모두 옛날에 먹었던 그 짜장면만 못하다. 어쩐 일인지 간판에는 '옛날짜장'이라고 써 놓았는데 막상 들어가 먹어보면 그저 그렇다. 하지만 짜장면 집에 가는 것은 즐거운 일이다.

짜장면은 마땅히 넓적하고 큰 사기그릇에 면을 수북하게 담고 돼지고기와 감자를 굵직굵직하게 썰어 넣어 볶은 짜장을 듬뿍 부어줘야 제 맛이 난다.

짜장면을 '자장면'이라고 부르는 말에 나는 전혀 동의할 수가 없다. 짜장면이라고 하면 따끈따끈하고 쫄깃쫄깃하고 고소한 맛이 연상되지만 자장면이라고 했을 때는 다 식어 빠져서 흐물흐물할 것 같은 느낌이 든다. 그래서 나는 자장면이라는 말은 애초부터 쓰지를 않았다. 그렇지만 글 쓰는 사람이 사투리를 쓴다는 생각에 찜찜했었다. 다행스럽게도 지금은 국립국어원에서 자장면과 짜장면을 복수표준어화 한 덕분에 쓰는데 불편하지 않아서 좋다.

식욕이 왕성한 고교 시절에는 짜장면을 늘 곱빼기로 먹었다. 보통으로 먹어서는 겨우 얼요기나 될 뿐 배가 부르지 않았다. 어느 땐가는 친구와 같이 곱빼기를 먹고도 조금 서운해서 보통으로 하나씩을 더 시켰는데 몇 젓가락 먹자마자 바로 질려서 못 먹고 말았다. 아무리 좋은 것도 지나치면 물리기 마련이다. 처음에 비볐던 밥이 맛있다고 다시 비비면 틀림없이 낭패를 본다.

음식에도 반드시 궁합이 있다. 궁합을 잘 맞추어 먹어야 맛도 있고 멋도 있다. 짜장면에는 당연히 도수 높은 고량주 한 잔쯤 곁들여야 한다. 그래야 맛을 제대로 음미할 수 있고 먹는 모습도 보기 좋다. 뿐만 아니라 짜장의 느끼한 뒷

맛을 톡 쏘는 고량주가 씻어주기도 한다. 짜장면을 먹으면서 양파나 단무지만 달랑달랑 집어먹는 사람은 짜장면의 맛을 제대로 즐길 줄 모르는 사람이다. 그것은 마치 반찬도 없이 맨밥을 꾸역꾸역 먹는 것과 다름없다. 톡 쏘는 고량주 한 잔을 마신 다음에 짜장면을 듬뿍 집어 먹으면 술맛과 짜장맛이 함께 어울려 내는 그 싸한 미감味感이 기가 막히다.

이때 마음 맞는 친구와 함께 잔을 주고받을 수 있다면 그 즐거움을 어디에 비기랴. 삼겹살 구이에 밥은 없어도 되지만 술이 없어서는 안 된다. 술중에서도 막걸리나 맥주가 아닌 소주라야 궁합이 맞는 것과 같은 이치다.

음식에서 궁합이 필요한 이유는 맛을 찾고 멋을 부리는 데 필요하기도 하지만 과학적으로 확실한 근거가 있다. 예를 들면, 새우젓에는 리파아제라는 지방분해 효소가 들어 있어 돼지고기와 함께 먹으면 체내에 지방 흡수를 방지하는 효과가 있다. 따라서 돼지고기와 새우젓은 궁합이 맞는 음식이다. 반대로 시금치와 두부를 함께 먹으면 칼슘 흡수를 방해하고 결석을 유발한다는 연구 결과가 있어 궁합이 안 맞는 음식으로 친다.

짜장면은 좀 거칠고 험하게 먹어야 하는 음식이다. 입술에, 코끝에, 양 볼에 짜장을 묻히면서 먹어야지 점잖고 품위 있게 먹을 수 없고 또 그렇게 먹어서는 맛도 나지 않는다. 사돈어른과 함께 먹을 음식은 절대 아니다. 가족과 함께 또는 허물없는 친구와 같이 먹어야 한다.

그래서 짜장면은 우리에게 다정한 음식이다.

말 한 마디

컴퓨터가 말썽이다. 인터넷이 잘 열리지 않고 어쩌다 열려도 시간이 너무 오래 걸린다. 갑자기 화면이 정지해버리기도 한다. 이럴 때는 속이 많이 상한다. 해당 회사에 전화를 했다. 자동응답기에서 회사 광고 멘트가 한참 나온 후에야 여자 상담원이 전화를 받았다. 다소 열을 받아서 목소리가 거칠어진 나의 설명을 다 듣고 나더니 초보적인 문제 해결방법을 차분하고 고운 목소리로 차근차근 이야기했다.

그리고 기사를 보내주겠다면서 끝맺는 말이 나를 감동케 했다.

"날씨 추운데 감기 조심하시고 건강하세요. 상담원 김 아무개입니다.”

체감온도 −20℃를 육박하는 강추위가 그 말 한 마디로 사르르 녹는 느낌이었다. 더구나 전화를 한 후 한 시간도 채 못 되어 기사가 나와 인터넷 장애를 말끔히 해결해줘서 기분이 좋았다. 그보다도 상담원의 그 말 한 마디가 그날 내내 유쾌했다. 그 상담원이 평소 교육 받은 대로 앵무새처럼 누구에게나 되풀이한 말이라 해도 상관없다.

말 한 마디로 천 냥 빚을 갚는다는 속담은 이제 진부하다. 하지만 눈만 떴다 하면 말을 해야 하고, 또 말을 듣고 살아야 하니 말 한 마디에 신경을 쓰지 않을 수 없다.

우리가 일생을 살면서 말을 가장 많이 주고받아야 할 상대는 누구일까를 생각해봤다. 말할 것도 없이 배우자다. 특별한 예외의 경우를 제외하고는 부부간에 가장 많은 말을 주고받는다는 데 이론異論의 여지가 없다. 그러다보니 작든 크든 말로 상처를 많이 주는 사람도 바로 배우자가 아닐까 하는 생각이 들기도 한다.

나이가 많은 세대일수록 속으로는 그렇지 않으면서도 부부간의 대화가 퉁명스럽다. 나 역시 아내에게 따뜻한 말을 건네는 데 무척 서툴다. 내 아내도 그렇다. 내가 퇴직하고 나니 시간이 남아돌고 심심하기도 해서 아내의 일을 돕는 경우가 많다. 설거지를 한다든지, 마늘을 까는 일 등이다. 그러고 나서 내 딴에는 생색을 낸답시고 허리 아프고 어깨 저리고 힘들었다고 엄살을 부린다.

그러면 고생했다고 한 마디 하면 어디 덧이라도 나는가?

음식 해먹고 살기가 그리 쉬운 줄 아느냐고 매섭게 쏘아붙인다. 아내로서는 특별한 악의 없이 그냥 하는 말일 테지만 듣는 입장에서는 상당히 서운하다. 내가 무의식중에 했던 말들이 아내에게도 그런 경우가 있었을 것이다.

우리 사회가 일반적으로 따듯한 말 한 마디 건네기에 인색하다. 전철에서 젊은이가 노인에게 자리를 양보해줘도 고맙다는 말 한 마디 없이 그냥 앉는다. 내가 신경 안 쓰고 살려고 차를 없애버린 후로 출타할 때 마을버스를 타는 경우가 더러 있다. 차가 작고 분위기가 조촐하다보니 운전기사가 차를 타는 승객들에게 "어서 오십시오."하고 일일이 인사를 한다. 그런데도 승객 중에 그 인사에 답을 하는 경우가 썩 드물다. 따뜻한 말을 건네는 데만 인색한 게 아니라 인사를 받아들이는 데도 마찬가지다. 심지어 친절한 인사에 반감을 나타내기도 한다. 내 조카사위 중에 친절하고 상냥하고 예의 바른 50대 젊은이가 있다. 그가 어느 날 자기 아파트 엘리베이터 안에서 만난 여자에게 다정하게 인사를 했다는 것이다.

그런데 여자가 답례를 하는 건 둘째 치고 내리면서 다 들리도록 큰 소리로 “미친 놈! ”하고 가더란 말을 들었다.

따뜻한 말을 건네는 것 못지않게 말을 적게 하기도 배워야 할 일이다. 여기에 생각나는 고사古事 하나를 소개해야겠다. 중국 삼국시대 조조曺操가 한나라 승상으로 있을 때 수하에 양수楊脩라는 모사謀士가 있었다. 머리가 좋아 조조의 내심을 늘 족집게처럼 집어내서 떠벌이곤 했다. 말하자면 영특하긴 하지만 입이 가볍고 경솔한 인물이었다. 그래서 조조는 겉으로 양수를 칭찬하면서도 속으로는 미워하고 경계했다. 조조는 평소 누가 자기를 암살할까 두려워 술수를 썼다. “나는 꿈속에서 사람을 죽이는 버릇이 있으니 내가 잠을 잘 때는 가까이 오지 말라.”고 늘 주위 사람들에게 말했다. 어느 날 조조가 낮잠을 자는데 이불이 침상 밑으로 떨어지는 걸 보고 모시고 있던 시녀가 이불을 여며주려고 가까이 가자 조조가 벌떡 일어나 단칼에 목을 베어버렸다. 그리고는 계속 잠을 잤다. 한참 후에 일어난 조조는 깜짝 놀라면서 누가 내 시녀를 죽였느냐고 슬퍼했다.

양수가 그 시녀의 시신을 보면서 또 가벼운 입을 놀렸다.

"승상이 꿈속에 있었던 게 아니고 그대가 꿈속에 있었구려."

이 말을 조조에게 일러바치는 자가 있었다. 권력자에게 아첨하는 건 예나 지금이나 다를 바 없다. 그 후 오래지 않아 조조는 어떤 사건에 죄를 씌워 양수를 참형에 처해버렸다. 그때 양수의 나이 34세였다.

어느 책에선가 읽었던 한 구절이 생각난다.

말을 따뜻하게 하면 당신의 마음이 먼저 따뜻해진다. 또한 당신이 평소에 하는 말의 양을 반으로 줄이면 당신은 지금보다 두 배로 사랑받을 것이다.

흑과 백

창밖으로 내다보이는 앙상한 나뭇가지에 까마귀 한 마리가 앉아 있다. 움직임도 소리도 없어 마치 나뭇가지의 일부인 것처럼 보인다. 가끔 바람이 불어 나무가 흔들리면 따라서 흔들릴 뿐이다. 무척 피곤하고 쓸쓸한 기색이다.

또 저쪽에서는 까치 여러 마리가 쌍쌍이 짝을 지어 재잘거리고 있다. 나뭇가지에 앉아 있기도 하고 하얀 배를 드러내며 공중으로 휙 포물선을 그리다가 쏜살같이 땅으로 내리꽂히기도 한다. 더러는 여러 마리가 동시에 떠들어대서 시끄럽게 소란을 피울 때도 있다.

언제부터인지 우리는 까치를 길조吉鳥로, 까마귀를 흉조凶

鳥로 여기는 풍습이 있다. 그러나 까치가 우리 생활에 주는 피해는 상상외로 크다. 우선 숫자가 많아 더욱 그렇다. 까치가 사람에게 호의적이고 온순할 것 같지만 실은 무척 난폭하고 사나운 새다. 언젠가 눈밭에서 탈진해 다 죽어가는 까치를 집으로 안고 들어와 극진히 돌봐준 일이 있다. 기운을 차리자 이 녀석이 내 얼굴을 마구 쪼아대고 설치는 바람에 아주 혼이 났다. 시골에 살 때 채소 콩 참깨 등의 씨를 뿌려 놓으면 다 파먹어 농사를 망쳐 놓곤 했다. 목장에서는 까치가 제 둥지에 깔기 위해 소 등에 올라앉아서 쇠털을 뽑아가는 바람에 소가 엄청 스트레스를 받는다고 한다.

까치가 머리로 종을 쳐서 구렁이에게 물려죽을 선비를 살리고 자신은 죽음으로써 은혜를 갚았다는 이야기는 대단히 흐뭇하고 인도적이지만 그것은 다만 전설일 뿐이다. 까치가 울면 반가운 손님이 온다는 말도 텃새인 까치가 낯선 사람이 자기 구역에 들어오는 걸 경계하는 지저귐일 뿐이다. 까치는 그만큼 텃세가 심하고 외부에서 들어온 다른 새를 절대로 용납하지 않는다.

사람들이 까치를 좋아하고 까마귀를 싫어하는 이유는 아마도 그 색깔과 소리와 생김새 때문이 아닌가 싶다. 까치는 어깨와 배, 날개깃 일부는 눈부시게 하얗고 등과 머리는 청남색을 띈 흑색이고 윤기가 자르르 흐른다. 꼬리가 길어 자태도 날씬하다. 소리는 맑고 경쾌해서 듣기가 좋다. 반면에 까마귀는 몸 전체가 칙칙한 흑색에 자태도 폼이 나지 않는다. 까욱까욱 하는 저음의 음울한 목소리도 듣기에 좋지는 않다. 그러나 우리에게 특별히 해를 끼치는 일은 별로 없다. 텃새인 큰 까마귀는 숫자도 까치에 비해서 훨씬 적다.

까마귀의 반포지효反哺之孝가 사실이라는 것을 나는 어렸을 때 실제로 본 적이 있다. 어느 쌀쌀한 늦가을 날 밭일하는 할머니를 따라가서 놀고 있는데 가까운 나무 위에서 깃털이 부수수하고 까칠한 까마귀 한 마리가 까욱까욱 하고 계속 울어댔다. 그때 그보다 좀 작은 까마귀가 날아와서 그 까칠한 까마귀와 서로 부리를 비벼댔다. 저 까마귀들이 왜 저러느냐고 할머니에게 물었더니 "안 받아먹는단다."하는 대답이었다. 그때는 그게 무슨 말인지 몰랐다. 많은 세월이 흐른 후에야 그게 바로 까마귀의 반포지효라는 걸 알았다.

'안 받다'를 사전에서 찾아보면 '어미 까마귀가 새끼에게서 먹이를 받다.' 또는 '베푼 은혜의 대가를 뒷날에 자식이나 새끼로부터 받다.'라고 되어 있다. 나는 까마귀의 반포지효를 의심치 않는다.

우리는 예로부터 白은 善이요 黑은 惡이라고 생각하는 경향이 있다. 하지만 그게 진리일까? 겉으로 白이요 善이면서 속으로는 黑이요 惡인 경우를 숱하게 보아왔다. 우리 고향에 "까치 뱃바닥 같은 소리 한다."는 속담이 있다. 욕심 많고 불량한 자가 성인군자나 된 것처럼 희떠운 소리를 할 때 빈정대는 말이다. 이 말을 곱씹어보면 까치가 배만 하얗지 속까지 흰 건 아니라는 뜻도 된다. 지금 우리는 주변에서 '까치 뱃바닥 같은 소리' 하는 경우를 수도 없이 많이 보고 있다.

어느 땐가 고위공직 후보자에 대한 국회 인사청문회 장면을 TV로 본 적이 있다. 국회의원이 어느 후보자에 대한 과거의 비리를 질책하자 그 후보자의 대답 왈

"하늘을 우러러 한 점 부끄럼 없이 살아왔습니다."

하고 거침없이 대답했다. 그는 평소 아랫사람들에게 대단히 품격 있고 훌륭한 말을 많이 했을 것이다.

110년의 역사를 자랑하는 식품회사 회장이 자기 차 운전기사를 상습적으로 폭행하고 인격을 모독했다는 사실이 밝혀져 해당 식품에 대한 불매운동과 함께 온 나라가 떠들썩했던 적이 있다.

하지만 그 회장은 대한민국을 빛낸 인물로 선정되어 식

품산업부문 대상을 받은, 사회적으로 저명인사였다. 그 회사 건물에 '사원을 가족처럼, 회사 일을 내 일처럼'이라는 표어를 큼직하게 써 붙이기도 했다. 그 회장도 할 말은 있을 것이다. 자기가 식품산업 발전에 기여한 공로를 생각하면 운전기사 좀 때린 것은 아무것도 아니라고 항변할는지도 모른다.

국내 제일의 항공사 회장 따님인 41세 미모의 부사장이 자기 회사 비행기에 탑승하여 세상을 떠들썩하게 했던 소위 '땅콩회항 사건'이 있었다. 기내 간식 땅콩을 봉지 째 돌렸다는 이유로 사무장에게 폭언 폭행을 하고 출발하는 비행기를 회항시킨 사건이다.

그 부사장 또한 고객에 대한 서비스 개선을 위한 징벌이었다고 말할 수도 있을 것이다.

이런 일련의 사건들 모두가 겉으로는 백白이지만 속으로는 흑黑이라는 예에 속한다. 다만 세상만사를 흑과 백으로 확실하게 양분하는 것이 그리 쉬운 일은 아니라는 생각이 든다.

설령 까치를 길조吉鳥로 여기더라도 까마귀를 흉조凶鳥로까지 매도罵倒하지는 말아야 할 것이다.

2부 은인

혼자 있다 보면

적적하다. 비바람이 들이쳐 바깥 창문을 모두 닫고 나니 아무 소리도 들리지 않고 온 집안이 정적에 휩싸인다. 세월이 흐르면 전화기도 늙고 나태해지는 것일까? 전에는 성가실 정도로 시끄럽게 제 소리를 내더니 요즘은 하루 종일 소리 한 번 내지 않고 움츠리고만 있는 날이 많다. 어떤 작가가 아파트야 말로 진정한 단독주택이라고 쓴 글을 읽고 공감한 적이 있다. 소위 단독주택이라고 말하는 집은 화단이나 텃밭이라도 있어 벌 나비가 날아들고 비둘기며 참새 떼가 수시로 방문하니 단독으로 있을 틈이 없다. 하지만 아파트는 창문들만 닫아버리면 외부세계와는 완전히 단절된다.

그야말로 진정한 단독인 것이다.

요즘은 아내 없이 집에 혼자만 있으면 유달리 적막감을 느낀다. 전에 없이 울적하다. 대수술 후에 외출을 못하고 활동이 자유롭지 못한 탓일까? 오늘같이 비라도 추적추적 내리는 날은 더하다. 이럴 때 곁에 아내가 있었으면 싶다.

하기야 아내가 있다고 해도 특별히 다를 것은 없다. 둘이 같은 소파에 앉아 있어도 서로가 별로 말을 하지 않는다.

잠을 잘 때도 아내는 거실 건너 저쪽 방, 나는 이쪽 방이다. 차라리 혼자 있는 게 편하겠다는 생각을 할 때도 있다.

그러면서도 혼자만 있게 되면 못 견디게 허전하다. 오늘도 아내는 딸네 집에 가고 없다. 늦둥이로 하나 얻은 막내딸이 어려서는 제 엄마 아빠 사이로만 파고들어와 자는 바람에 우리 부부사이를 떼어놓더니 시집 간 후에는 또 제 아기 봐달라고 해서 우리를 주말부부 닮은꼴로 만들어 놓았다.

혼자서는 밥을 먹는 것도 궁상맞고 남세스럽기까지 하다. 끼니를 거를 수는 없고 시간 되면 식탁에 앉기는 하지만 식욕이 날 리 없다. 그저 끼니를 때우기 위함일 뿐이다.

이것저것 반찬을 챙기는 일조차도 성가시다. 냉장고 문만 열면 아내가 가면서 만들어 둔 반찬 담긴 그릇이 켜켜이 쌓여 있지만 그걸 꺼내서 늘어놓을 마음이 내키지 않는다.

무엇이 되었건 맨 위에 있는 것 하나만 내어 놓고 먹는 둥 마는 둥 하고는 그만둔다. 괜히 이것저것 들어냈다가는 설거지 그릇 숫자만 더 늘어날 뿐이다.

사실 혼자 한 끼 때우는 데 많은 반찬은 필요도 없다. 호박이나 감자를 툼벙툼벙 썰고 국멸치 한 자밤 집어넣어 오모가리에 보글보글 끓인 된장국 한 가지면 너끈하다. 또는 거칠거칠한 고춧가루에 버무린 풋풋한 열무김치 한 보시기와 막된장에 풋고추만 있어도 된다. 하지만 아내는 이런 투박한 음식들을 싫어한다.

부부가 오랫동안 같이 살다보면 닮는다고 한다. 우선 식성이 닮고, 각종 취향, 심지어는 얼굴 모습까지도 닮는다는 것이다. 나도 거기에 전적으로 동감했었다. 하지만 요즘 들어 그 이론을 수정해야겠다는 생각이 든다. 결론부터 말하면 어느 단계까지는 서로 닮는 듯하다가 원래의 자기로 돌아가는 것이지 아주 닮지는 않는다.

요즘 들어 아내는 된장국을 안 먹는다. 신혼 시절에는 그렇지 않았는데 지금은 그렇다. 그래선지 된장국 끓이는 일이 가뭄에 나는 콩보다 더 드문드문하다. 어쩌다 끓인다 해도 내 입맛에는 안 맞다. 짭짤하고 매큼한 걸 좋아하는 나와는 달리 아내는 짜고 달고 매운 음식은 절대불가다. 심심하고 맛이 없어도 건강에 좋다고 하면 아내는 그냥 먹는다. 삼겹살을 굽는데 나는 조금 탔다싶을 정도로 굽지만 아내는 노릿한 기운만 돌아도 펄쩍 뛴다. 그러니 나와는 전혀 딴판이다.

나이가 좀 들어가자 각자 자기의 빛깔을 띠게 되고 고유의 목소리를 낸다. 전에는 같이 외식을 나가면 서로 다른 걸 고르는 일이 없었다. 무엇이든 한 쪽이 선택하면 같은 걸로 통일하곤 했다.

하지만 지금은 다르다. 나는 얼큰한 민물매운탕이 좋은데 아내는 갈빗집을 찾는다. 그러면서도 마찰음은 옛날보다 오히려 덜 난다. 각자 자기의 빛깔을 띠는 것이 애정의 밀도와는 별개의 문제다. 자기의 노래를 부르면서 한 발짝씩 뒤로 물러나 서로 화음을 맞추어가는 것이야말로 반생을 함께 해온 부부만이 낼 수 있는 아름다운 목소리가 아니랴. 일일이 옴니암니 따지고 자기주장만 고집한다면 화음은 깨지고 말 것이다. 아내가 끓인 된장국이 내 입맛에 맞지 않다고 해서 그것 때문에 불협화음이 나지는 않는다.

1주일에 3~4일 정도지만 혼자 있는 날은 너무 호젓하고 지루하다. 괜히 거실과 방을 들락거리고, 텔레비전을 켰다가 컴퓨터를 열고, 책을 폈다가 다시 덮고…. 마음의 안정이 안 된다. 밤이 되면 혼자라는 사실에 막연한 두려움을 느낄 때도 있다. 저쪽 방에서 무슨 인기척이 나는 것 같아 나가서 불을 켜고 여기저기 확인해 보지만 아무도 없다.

곁에 있을 때는 특별히 좋은 줄을 모르다가도 막상 없으면 무척 아쉬운 것이 부부인가.

아내에게 전화를 하려다가 또 그만둔다.

배롱나무꽃 그늘에 앉아서

배롱나무에 꽃이 피었다. 내한성耐寒性이 약해서 한강 이북에서는 보기 드문 나무인데 우리 아파트 정원 옹당이 연못가에 두 그루가 의젓하게 서있다. 주위가 온통 진초록으로 우거진 가운데 선홍색鮮紅色의 꽃이 한층 돋보인다. 저쪽 놀이터에서는 아이들이 시끌벅적하다. 나는 아까부터 배롱나무꽃 그늘에 앉아 그들이 노는 모습에 정신이 팔려 있다.

나도 가서 한축 끼고 싶다. 아이들은 무슨 말인지를 쉴 새 없이 떠들어대며 논다. 그걸 보고 있으니 기분이 좋아진다. 올망졸망한 아이들의 모습을 보면 고운 꽃을 볼 때와도 같은 마음이 된다.

빨갛게 고운 배롱나무꽃을 보니 고향 마을이 눈앞에 선하게 떠오른다. 동네 앞에 백년도 넘었다는 거대한 둥구나무가 있었다. 여름이면 잎이 우거져 하늘이 안 보일 정도로 그늘이 넓고 시원했다. 더울 때는 어른 아이 할 것 없이 모두 그 나무 밑이 놀이터였고, 오가는 일꾼들이 잠깐 다리쉼을 하는 쉼터이기도 했다.

그 한쪽에 배롱나무 한 그루가 있어 해마다 빨간 꽃이 피었다.

천지가 모두 푸르른 여름철에 불타는 듯 새빨간 꽃은 더욱 인상적이었다. 그 배롱나무를 '간지럼 나무'라고도 불렀다. 나무의 밑동을 손가락으로 간질이면 나무가 간지럼을 타서 윗가지가 흔들린다는 것이다. 동네 형들이 하는 걸 보니 정말 흔들렸다.

어느 날, 나 혼자 있을 때 간지럼을 태워 보았는데 처음에는 꿈쩍도 않더니 더 세게 간질이자 정말 흔들렸다. 그때부터 배롱나무는 나에게 간지럼나무가 되었고 서로 감정이 교감하는 것 같은 생각을 가졌다.

세월이 흐른 후, 나무에는 자극을 전달해 주는 신경세포가 없다고 생물학 책에서 읽었지만 믿고 싶지가 않았다. 나는 지금도 배롱나무를 간지럼나무라고 부른다. 그리고 내 아이들에게도 그 나무가 간지럼을 탄다고 말하고 나 역시 그렇게 믿고 있다.

배롱나무는 7월 중순 경에 꽃이 피어서 가을까지 3개월 이상 그 빨간 색깔을 뽐낸다. 그래서 배롱나무의 또 다른 이름은 '백일홍 나무'다. 드물게 흰 색과 홍자색이 있긴 하지만 빨간 색이 주종을 이루고 또 가장 멋지기도 하다. 국화과의 1년생 화초인 백일홍과 구별하기 위해서 '목백일홍'이라고도 한다. 꽃이 피어 백일을 간다고 해서 붙은 이름이지만 사실은 꽃이 그렇게 오래 가는 것이 아니고 피는 방식이 특별해서 그렇게 보일 뿐이다. 자세히 들여다보면 자잘한 가지마다 굵은 콩알 같은 꽃망울이 다닥다닥 매달려 있고 밑에서부터 차근차근 꽃이 피어 올라간다. 말하자면 꽃이 차례차례 '이어 피기'를 하는 것이다. 먼저 핀 꽃이 질 때가 되면 그 위에 있던 꽃망울이 열리고 또 그 다음 꽃망울이 피고….

이렇게 이어 피기를 석 달쯤 계속하니 무심코 보는 사람들에게는 꽃이 한번 피어서 몇 달을 가는 것처럼 보이게 된다. 꽃잎도 다른 꽃과는 달리 쭈글쭈글 주름이 잡혀있다.

참 희한한 꽃이다.

아름다운 꽃이 거의 그렇듯이 배롱나무꽃도 슬픈 전설을 담고 있다.

옛날, 어느 바닷가 마을에서는 해마다 처녀 하나씩을 바다에 사는 머리 셋 달린 괴물에게 제물로 바쳐야 했다. 어느 해, 김 영감의 외동딸을 제물로 바치려던 찰라 갑자기 한 장사壯士가 나타나 그 괴물의 머리 하나를 잘라버리자 괴물은 도망치고 처녀는 살아났다. 처녀는 그 장사에게 평생을 모시겠다고 하자 장사가 말했다. 나는 옥황상제의 아들인데 잃어버린 여의주를 찾아야 당신을 데려갈 수 있고 못 찾으면 데려갈 수 없소, 100일 간만 기다리시오, 여의주를 찾으면 배에 흰 깃발을, 못 찾으면 붉은 깃발을 달고 오겠소. 그날부터 처녀는 정화수 떠놓고 장사가 여의주 찾기를 기도했는데 100일이 되는 날 멀리서 오는 배를 보니 붉은 깃발이 달려있는지라 처녀는 다 틀렸다 생각하고 자결하고 말았다. 이듬해 봄, 처녀의 무덤에서 못 보던 나무 한 그루가 자라나 새빨간 꽃이 100일 동안 피어 있었다. 사람들은 100일을 기도한 처녀의 넋이라 하여 백일홍이라고 이름 붙였다.

사실은 그때 장사가 여의주를 찾아서 흰 깃발을 달고 돌아오는 길인데 머리 하나를 잘렸던 괴물이 복수를 하려고 덤벼들었다. 장사가 괴물의 머리 두 개를 마저 잘라서 죽였는데 이때 흘린 괴물의 피가 흰 깃발을 붉게 물 들였던 것이다.

배롱나무꽃의 꽃말은 '떠나간 벗을 그리워하다.'로 되어 있다.

늘 생각나는 다정했던 옛 친구들-.

지금은 어디에 사는지 알 수 없는 녀석이 많고, 아예 돌아올 수 없는 머나먼 세상으로 떠나버리기도 했다. 배롱나무꽃을 보면, 어린 시절 고향에서 그 나무에 간지럼을 태우며 놀던 동무들이 늘 그립다.

어느 구름에 비가 올는지

나는 지금부터 하룻밤 사이에 신분상승이 된 한 여인의 이야기를 한바탕 하려고 한다. 바로 '멀대 여사'에 대한 이야기다. 그녀는 내 아내의 이종사촌 여동생이니 나에게는 이종사촌 처제가 된다. 멀대 여사라는 호칭은 키가 멀쑥하게 크다고 해서 내가 붙인 별명이다.

그는 6남매 중 맏딸로 태어나 올해 환갑이 되었다. 그의 어머니가 가난한 집안으로 시집을 가서 늘 친정에 기대고 사는 형편에 자식이 여섯이나 되다보니 살기가 무척 팍팍했다. 여덟 식구가 끼니 해결하기도 힘든 속에서 어린 시절을 보냈다. 가장인 아버지는 애초부터 가족을 부양할 능력도 의지도 없는 사람이었다. 그러니 멀대 여사가 초등학교 졸업 후 진학을 포기할 수밖에 없었다. 상점, 공장, 미장원 등 가리지 않고 나가 돈벌이를 해서 집안 살림을 돕고 동생들 뒷바라지하기에 매달려서 살아왔다. 키만 큰 게 아니라 속도 깊고 넓어서 어려운 생활을 잘 이겨냈다.

멀대 여사는 부모 복도 없고 팔자치레도 못했는지 그의 나이 스물여섯에 만난 남편 역시 지지리도 가난하고 못 배운 시골 총각이었다. 그래도 마음이 착하고 성실해서 다행이었다. 자식은 딸 하나와 아들 하나, 남매를 두었다. 남편은 공장에서, 자기는 미장원에서 밤낮없이 열심히 일했다.

못 배운 한을 풀기라도 하듯 자식 가르치는 일에 온 정성을 다 쏟았다. 아이들도 잘 따라줘서 비록 지방이긴 하지만 당당히 국립대학에 들어갔다. 둘 다 사범대학이었다. 부부가 맞벌이로 돈을 번다고 해야 대학생 둘을 뒷바라지하기에는 벅찼다. 그래도 아이들에 대한 희망으로 버텨나갔다.

사범대학이니까 졸업만 하면 곧 교사 발령이 나겠지. 형편이 풀려 살기가 부드러워지리라. 내 자식들이 학교 선생님이 되면 주위 사람들의 보는 눈도 달라질 것이다. 멀대 여사는 마음이 설렜다.

가파른 고개를 다 넘었는가 싶었더니 또 다른 고개가 나왔다.

임용고사를 통과해야 선생님이 될 수 있다는 것을 뒤늦게야 알았다. 그러나 걱정은 하지 않았다. 대학을 졸업했는데 까짓 임용고사가 문제이랴. 하지만 웬 일인지 아들도 딸도 계속 고사에 떨어지고 선생님이 되지를 못했다.

애들이 대학을 졸업한지 10년이 넘은 지금, 딸은 결혼을 했고 나이가 서른네 살이다. 아들은 군에 갔다 와서 서른두 살이 되도록 여기저기 취직이라고 했다가 그만두기를 반복하고 있다. 둘 다 교사의 꿈은 진작 접었다.

남 보기가 부끄러웠다. 아니, 남은 둘째 치고 우선 친정 사람들 보기도 창피했다. 형제간도 때로는 선의의 경쟁관계가 되기도 한다. 멀대 여사가 그렇게 되었다. 동생들은 제 아들이 무슨 공무원이 되었네, 딸이 의사가 되었네 하고 자랑들인데 자기는 자랑거리가 없다. 자연히 친정집에도 잘 가지 않고 지낸다. 설렁설렁하던 성격이 냉소적, 부정적, 폐쇄적으로 변했다.

올해 4월 13일은 제 20대 국회의원 선거가 있는 날, 바로 다음 달이다. 그 문제로 각 정당에서는 여 · 야 할 것 없이 후보자 공천과 선거 준비에 바쁘고 후보자들은 공천에서의

당락에 따라 희비가 엇갈린다. 공천에 들지 못한 후보자의 항의, 이의신청, 법원에 공천효력 정지신청, 탈당 등 전국이 시끌벅적하다. 게다가 여·야 모두 한결같이 자기 계파의 잇속만 챙기면서 싸움질하는 추태를 부리는 꼴이 한심스러워서 정치혐오증에 걸릴 지경이다.

짜증스러워 TV 뉴스는 아예 보지도 않고 '동물 농장'에 눈길을 주고 있는데 거실에서 TV를 보던 아내가 들어오더니 청천벽력 같은 소리를 했다. 그 멀대 여사의 딸이 여당 비례대표로 국회의원이 되었다는 것. 평소에 농담을 하지 않던 아내가 뜬금없이 웬 일인가 싶었다. 나는 고개도 돌리지 않고

"그런 깨깡스런 소리는 하지도 마!"

하고 일축했다. 이제 서른네 살인 전라도 출신 여자가 무슨 수로 여당 비례대표가 된단 말인가. 더구나 그들 부부는 겨우 셋집에 살고 있다고 들었는데 당비黨費를 낼 형편도 못 되지 않는가.

그래도 아내는 틀림없다고 몇 번이나 되풀이하고 나갔다.

아내가 하도 진지하게 말하는 바람에 설마 하면서도 컴퓨터를 켜고 여당 비례대표 명단을 검색해봤다. 기절초풍

까지는 아니지만 정말로 소스라치게 놀라지 않을 수 없었다. 비례대표 ⑦번에 그 애 이름이 있었다. 광주 출신 34세, J대학교 사범대학 교육학과 졸업. 멀대 여사의 딸이 분명했다. 여당에서 순위가 7번이니 이미 국회의원이 되었다고 해도 전혀 틀린 말이 아니었다. 청년 층 몫으로 그가 선택 되었다는 설명이 있었다.

상점 점원, 공장 여공, 미장원 시다(보조미용사를 뜻하는 일본어)에서 일약 '국회의원님 모친'이 된 멀대 여사의 감회가 어떠할지 자못 궁금하다. 가난한 집 맏딸로 태어나 못 먹고 못 입고 못 배우면서 고생했던 과거의 아픔이 모두 치유되기를 바라는 마음 간절하다.

어렸을 때 고향 어른들에게서 자주 들었던 말이 생각난다.

"어느 구름에 비 올는지 모른다. 사람 괄시하지 마라."

막걸리 한잔 하고 가시오

산 위에서 내려다본 가을 들판은 참 아름답다. 벼가 잘 익어 마치 노랑물감을 확 쏟아부어 놓은 듯한 그 색깔, 가을 들판을 가리켜 '황금빛 들녘'이라고 하지만 그 말만 가지고는 충분하지 못할 것 같다. 금가루를 뿌린들 그리 고운 빛을 낼 수 있을까? 하기야 풍년 든 들판의 아름다움이 단지 그 색깔이 고운 때문만은 아닐 것이다.

시절이 좋아 풍년이 들수록 가을 들판의 빛은 더 곱고, 흉년이 들면 우중충하면서 검은 빛을 띤다. 올해는 노랗고 선명한 걸 보니 풍년이 틀림없다. 여기저기서 추수하는 사람들과 허수아비가 있는 들녘이 더없이 평화롭다.

나는 등산도 하고 카메라에 가을을 담아보려고 산에를 올랐는데 내려다보이는 들녘의 모습이 어느 풍경보다 훨씬 더 가을다웠다. 산에는 옻나무, 뽈나무, 도토리나무 등 갖가지 나무들이 빨강, 노랑, 갈색으로 물들어 아름다운 가을 풍경을 이루고 있었지만 벼가 잘 익은 들판보다 더 아름답지는 못 했다. 가을 들판을 처음 본 것도 아닌데 오랜만에 본 때문인지 유난히도 감동이 크게 전해왔다.

사진 몇 장만 담아오려고 가까운 산에 올랐는데 가을 정취에 빠져 시간 가는 줄 모르고 있다 보니 배도 고프고 목도 말랐다. 집으로 가려고 산을 내려와 논둑길을 걷고 있는데 부르는 소리가 들렸다.

"막걸리 한잔 하고 가시오."

돌아다보니 벼를 베다가 쉬면서 새참을 먹고 있던 사람이 손짓을 했다. 그렇잖아도 속이 출출하고 목도 마른데 잘 되었다 싶어 가까이 가보니 칠순이 넘어 보이는 나이 많은 부부였다.

"아니, 연세도 많으신데 벼를 낫으로 베세요? "

"허허, 이렇게 삽니다, 이 몸이 늙은 농부요."

자칭 늙은 농부라고 말하는 영감님이 놋대접이 철철 넘치게 막걸리를 따라 내게 넘겨줬다.

"자, 막걸리 한잔 하고 인생길 쉬엄쉬엄 가요, 서두를 것 뭐 있소? "

머리에 흰 수건을 두른 할머니는 삶은 고구마를 먹으면서 김치 그릇과 젓가락을 내 앞으로 밀어 놓고 웃었다. 목마르고 출출하던 참이라 막걸리 한 대접을 단숨에 비워버렸다.

"허허, 그 양반 술 한번 맛나게 자시네."

또 한 대접을 따라 놓았다. 두 노인이 다 혈색도 좋고 건강하게 보여 늙은 몸으로 힘들게 일하는 고달픈 기색이 없고, 영감님의 말하는 품으로 보아 학식도 꽤 들어 보였다.

내가 열무김치 안주에 막걸리 두 대접을 마시는 동안 자칭 '늙은 농부' 는 집안 이야기를 풀어 놓았다.

자기 집안은 청주 한韓씨 토반으로 여러 대를 선산 밑에서 고향을 지키면서 살아왔고, 조부 때만 해도 상머슴 중머슴 꼴머슴까지 서넛을 두고 떵떵거리며 지냈다고 한다. 목사牧使며 참봉參奉 등 벼슬도 많이 나온 집안이라고 자랑스럽게 말 할 때는 늙은 농부의 눈에 반짝 광채가 나는 듯했다. 자기는 자식 6남매를 두었는데 모두 결혼해서 도회로 나가고 고향에는 자기들 늙은 부부만 살고 있다는 것이다.

가세가 많이 기울어 지금은 논밭 합해서 삼십여 마지기

남았지만 그나마 늙은 몸으로 농사를 다 지을 수도 없어 마지기당 쌀가마니씩이나 받기로 해서 남에게 내어주고 소일거리로 서너 마지기를 짓고 있는데 원래 안 해본 일이라 서툴다고 하면서 허허 웃었다. 농약도 안 쓴 무공해 쌀을 자식들에게 먹이는 재미가 크지만 이제는 기력이 많이 달려 농사일도 접어야겠다는 것이다. 자식들 형편이 모두 먹을 만큼 살아서 다달이 용돈을 보내주기 때문에 귀한 것이 없다고도 했다.

막걸리 두 대접에 얼근히 술기가 올라오는데 늙은 부부의 넉넉한 이야기를 듣고 있자니 내 마음이 절로 흥겨워졌다. 그들은 벼 베는 일을 아주 잊어버린 듯 이야기를 그치지 않았다. 계속 듣고 있으면 한이 없을 것 같아 술 잘 먹었다고, 오래오래 건강하시라고 공손히 인사하고 일어섰다.

가을 짧은 해가 얼마 남지 않았는데 그들은 조금도 일을 서두르지 않고 내가 이야기를 더 들어줬으면 하는 눈치였다.

"막걸리 한잔 하고 인생길 쉬엄쉬엄…."

논둑길을 걸어오는데 영감님이 무심코 던진 이 한 마디가 자꾸만 머릿속에 맴돌았다.

은인恩人

참으로 오랜만에 J여사를 만나기로 약속했다. 중학교 1학년 때 처음 만나 3학년 때까지 한솥밥을 먹고 살다가 헤어진 후로 만나지 못 했으니 수십 년의 세월이 흘렀다. 생각하면 나에게는 대단한 은인이고 잊을 수 없는 사람인데 생활에 얽매이다 보니 그동안 잊다시피 하고 살아왔다. 한동안은 그의 사는 이야기를 풍문으로 들으면서 찾아간다고 벼르기만 하다가 서로가 이사를 다니는 바람에 소식마저 끊기고 말았는데 우연히 그를 아는 사람을 만나 연락이 되었다.

내가 광주 서 중학교 1학년에 다닐 때였다. 어느 날 종례가 끝나고 나오려는데 담임선생님이 교무실로 오라고 했다. 나는 조금 겁먹은 얼굴로 멈칫거리면서 갔더니 뜻밖에도 좋은 일이 기다리고 있었다. 어느 집에 가정교사로 들어가라는 것이다. 그때는 입주제 가정교사를 해서 숙식을 해결하고 학교에 다니는 학생이 더러 있었다. 지금으로 말하면 아르바이트인데 아예 그 집으로 들어가 먹고 자고 하면서 개인교습을 하는 것이다. 숙식이 해결되는 대신 어려운 점도 많았다.

그때 나는 시골에서 작은 초등학교를 나와 명문 중학교인 광주 서 중학교 입학시험에 합격해서 온 집안에 경사가 났지만 농촌 살림으로 납부금, 책값, 하숙비를 대려니 경제적인 어려움이 너무 컸다. 납부금과 책값은 둘째 치고 하숙비가 문제였다. 그런 판에 숙식이 해결된다니 얼마나 좋은가. 나의 이런 사정을 알고 배려해준 담임선생님의 자상함이 참으로 고마웠다. 그런데 문제가 있었다. 가르칠 대상이 우리 학교 동급생이었다. 선생님 말로는 가르친다기보다 곁에서 같이 공부해 주기만 하면 된다고 했다. 그래도 겁이 났지만 나로서는 이것저것 따질 형편이 못 되었다.

이렇게 해서 동급생 H의 집으로 들어가게 되었는데 학교에서 5분도 채 안 걸리는 가까운 거리여서 더욱 좋았다. H의 어머니가 J여사다. 이것이 J여사와 내가 첫 인연을 맺게 된 동기였다. 그는 30대 중반으로 광주시에서 명문 여고를 졸업한, 그 당시에는 인텔리 여성이었다. 자녀는 3남매를 두었는데 맏이인 아들이 나와 함께 공부할 H이고, 그 밑으로 딸이 둘이었다. 나중에 알고 보니 의사인 남편이 6.25 때 납북되는 바람에 20대에 홀로 되어 3남매를 데리고 혼자 살고 있었다. 집 2층에서는 미장원을 했는데 미장원은 미용사에게 맡기고 자기는 다른 곳에서 당구장을 경영하고 있었다.

한솥밥을 먹으면서 차차 알게 된 사실은 아들 하나 잘 가르치려는 욕심에 가정교사를 들이기는 했으나 형편이 썩 넉넉한 편은 아니었다. 미장원은 미용사와 시다(보조 미용사를 가리키는 일본어) 월급 주기도 어렵고, 당구장은 빚을 얻어 시작했는데 매월 이자 갚는 데 급급한 실정이었다. 게다가 하나뿐인 아들 H는 공부에는 전혀 흥미가 없어 내가 아무리 노력해도 좋은 결과를 낼 수 있는 희망이 보이지 않았다. 그렇다면 길은 단 한 가지, 나는 그 집에서 나와야 했다. 그런데도 중학교를 졸업 할 때까지 그 집에 있었다. 그 이유는 J여사의 따뜻한 호의 때문이었다. 그는 나를 마치 자기 친아들처럼 대해 주었다. 생일도 챙겨주고, 더러 용돈도 주고, 한 상에서 밥 먹고…. 그러다 보니 나는 그 집 아들의 공부와는 상관없이 마치 한 가족처럼 되어 갔다. 그러나 늘 마음이 편치는 않았다. 그렇다고 막상 그 집을 나오면 당장 하숙비도 걱정되어 그냥 눌러 있게 된 것이다.

오랜만에 은인을 만난다고 생각하니 감회가 새롭고 어떤 모습으로 변했을까 궁금하여 초조하게 기다렸다. 강남의 어느 백화점 앞이었다. 약속시간이 채 되기도 전에 그가 나타났다. 우리는 한참 후에야 서로 알아보고 두 손을 마주 잡았다. 그녀는 팔순을 바라보는 노인답지 않게 건강해 보였다. 허리도 굽지 않았고 얼굴에 주름살도 별로 없이 깨끗하게 늙어 있었다. 다만 흰 머리가 많고 전에 안 썼던 안경을 쓰고 있었고 키가 전보다 작아진 것처럼 보였다.

우리는 백화점 10층으로 올라가 식사를 하고 다방으로 자리를 옮겨 두 시간쯤 많은 이야기를 나누었다. 그가 재혼을 했다는 말은 전에도 풍문으로 들은 적이 있었지만 막상 본인으로부터 그간에 살아온 이야기를 들어보니 말로 다 표현하기 힘든 삶이었다.

이야기하는 동안 그는 손수건으로 자주 눈가를 훔쳤고

나도 자꾸만 눈앞이 흐려 왔다.

미장원, 당구장이 여의치 않아 그만두고 3남매 학교 보내면서 살기가 하도 버거워 재혼을 했단다. 그러나 그때부터 더욱 힘든 삶이 그를 기다리고 있었다. 3남매는 외갓집에 맡기고 갔는데 셋이 하루가 멀다 하고 찾아와 돈 달라고 졸라대고 자기들을 버리고 갔다고 행패를 부리는 바람에 속이 있는 대로 썩었다. 새로 만난 남편은 9남매의 장남으로 시부모와 시동생들의 뒷바라지도 해야 했다. 더구나 아들 H가 자주 술이 취해 가지고 와서 주정을 부려 남편 눈치 보느라 하루도 편할 날이 없었다. 그래서 한 때는 남편과 헤어지려고도 생각했지만 이미 새 남편에게서 자식 남매를 두고 있었다. 첫 남편과의 사이에서 난 자식들을 버리고 갔다고 비난을 듣는 판인데 또 자식들을 버렸다는 말까지 들을 수는 없어 날마다 눈물로 세월을 보냈다는 것이다.

지금은 첫 남편에게서 난 애들이 돈 달라고 오지는 않지만 전화 한 번 없이 연락을 끊어 속이 상한다고 했다. 그나마 다행인 것은 현 남편에게서 난 자식들이 잘 살고 고분고분해서 조금은 위로가 된다고 말하면서 힘없이 웃었다. 고생은 많았어도 분당에 아파트가 있고 군 장교였던 남편의 연금으로 두 부부가 편안히 산다고도 했다.

시간이 많이 흘러 자리에서 일어설 즈음 내가 큰맘 먹고 준비한 선물을 손에 쥐어드리자 그는 어쩔 줄을 몰라 했다.

전에 잘해 주지도 못 했다고 마치 소녀처럼 부끄러워하면서 선물 받기를 망설였다.

"어머니, 저의 작은 정성입니다. 앞으로 자주 전화 드릴게요."

나는 그의 두 손을 꼭 잡고 아쉬운 작별의 인사를 했다.

그가 전철에 올라 손을 흔드는 걸 보고서야 나도 발길을 돌렸다.

안녕하세요?

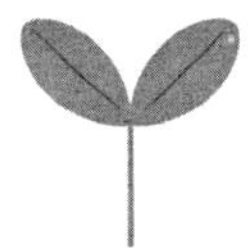

나는 동네 병원에를 자주 간다. 알레르기성 비염 때문에 겨울에는 더 많이 간다. 갈 때마다 오십대 후반으로 보이는 원장은 하는 인사가 한결같다. 진료실 문을 열고 들어서자마자

"안녕하세요? "

하고 인사한다. 말끝을 별로 올리지도 않고 묵직하게 가라앉은 목소리로, 마치 로보트가 말하듯 감정이 섞이지 않은 목소리다.

아파서 병원에 온 환자가 안녕할 리가 있는가.

"안녕하지 못해서 이렇게 왔습니다."

하는 말이 목구멍까지 올라오지만 꿀꺽 삼키고 만다.

몇 년 전 어느 대학병원에서 척추분리증 수술을 받고 누워 있을 때였다. 일주일 동안 병실에 있으면서 보니 간호사들이 들어와 환자를 대할 때 첫 마디가 모두 "안녕하세요?" 하는 것이었다. 물론 나에게도 마찬가지였다. 통증은 심하고 움직이지 못하게 해서 짜증이 나는데 오는 간호사마다 한결같았다. 얼마나 화가 나는지 네 눈에는 내가 지금 안녕해 보이냐고 고함이라도 지르고 싶었지만 꾹 참고 지냈다.

하지만 잡석雜石 속에도 옥은 있었다. 하루는 어느 간호사가 오더니 내 손을 가만히 잡으면서

"하 선생님, 좀 어떠세요?"

하는 게 아닌가. 입원해서 처음 들어보는 인간다운 인사말이었다.

"아파요."

"아파요오."

말끝을 길게 빼서 마치 어린애를 얼리듯 했다. 그 말이 얼마나 고마운지 아픈 허리가 금방 낫는 듯하고 기분이 좋아졌다. 감사의 표시를 하고 싶은데 아무 것도 할 수 없어 몹시 안타까웠다.

내가 입원한 병실은 6인실이었다. 간호사들의 근무 방식이 3교대여서 만나게 되는 간호사의 숫자도 꽤 많은데 그 간호사 한 사람을 제외하고는 모두가 "안녕하세요? "하면서 환자에게 다가갔다. 사람을 마치 치료의 대상으로만 보는 것 같아 기분이 씁쓸했다.

80 고령으로 사지를 제대로 움직이지도 못하고 의식도 온전치 않아 보이는 환자에게

"OOO님, 안녕하세요? "

하면서 혈압계를 들이댄다. 이런 경우는 보호자에게 좀 어떠냐고 물어보면서 환자의 상태를 살펴도 될 것이다. 좀 더 감정이 섞이고 정겨운 인사를 할 수는 없는 것일까. 형식적이고 의례적인 말이라도 "오늘은 좀 어떠세요?" 한다든지, "오늘은 많이 좋아 보이십니다." 하면 좋지 않을까 싶다. 또 어떤 간호사는 할머니 환자에게

"할머니, 오래오래 사세요."

하고 인사하는 경우가 있었다. 좋은 뜻으로 건네는 덕담이지만 듣기 거북한 말이다. 그 말은 할머니에게 새삼스레 죽음을 일깨워 주게 된다. "할머니는 오래 살 수 없겠습니다." 하는 말의 다른 표현일 뿐이다. 새파랗게 젊은 사람을 보고 오래 살라고 인사하는 경우는 없을 것이 아닌가. "할

머니, 어서 일어나셔야지요." 하면 좋을 것을, 굳이 죽음을 상기시켜 주는 말을 할 필요가 있을까.

병원에 있다 보면, 이동 침대에 실려 검사실로 들어가는 환자에게

"안녕하세요? 이름과 생년월일을 말씀해보세요."

하는 경우를 종종 본다. 검사 전에 본인 여부를 확인하는 것이 꼭 필요하다고는 하지만 걸음도 못 걸어 침대에 누워서 오는 중환자에게 안녕하세요? 라고 하는 것은 아무래도 어울리지 않는 말이다.

우리 집 위층에는 초등학교 1학년 여자 아이가 산다. 엘리베이터에서 자주 만나게 되는데, 내가 등산복 차림을 하고 있으면

"안녕하세요? 아저씨, 또 등산 가세요?"

하고 인사한다. 같은 안녕하세요지만 그렇게 정겨울 수가 없다. 아침에 그 애를 만나는 날은 하루가 즐겁다.

OK선생님

그녀는 올해 일흔 여섯 살이다. 나이로 봐서는 기력이 달릴 만도 한데 전혀 그렇지 않다. 탁구 라켓만 잡았다 하면 펄펄 난다.

키가 작고 살집도 없어 몸무게가 고작 40킬로그램이나 될까 말까 할 정도다. 피부는 거무스름하고 비쩍 마른 체격이 바람이라도 세게 불면 곧 날아갈 것 같다. 툭 튀어나온 눈망울에 도수 높은 안경을 끼었다. 하관이 쪽 빠진 얼굴은 마치 이등변 삼각형을 거꾸로 세워놓은 형상이다. 목소리는 쨍쨍하게 쇳소리를 내고 늘 큰 소리로 웃기를 잘한다.

나이를 물으면 칠힉넌 육 반이라고 경쾌하세 대답한다.

흰 머리를 언제나 짧게 커트하고 다닌다. 겨울에도 검정색 짧은 소매 블라우스와 흰색 긴 바지를 즐겨 입고 흰 운동화가 변함없는 그녀의 신발이다.

그녀가 탁구장에 나오면서부터 웃는 일이 많아졌다. 자기가 친 공이 점수가 되거나 게임에 이기면 팔짝팔짝 뛰면서 "OK!" 하고 외친다. 또는 누가 식사를 하러 가자고 할 때도 마찬가지다. 탁구를 치다가 내가 친 공이 넷을 맞고 살짝 넘어가 점수가 되거나, 상대편 탁구대의 끝을 스치고 땅으로 떨어져 점수를 따는 행운이 있을 때는 보통 고개를 살짝 숙이면서 "미안합니다." 하는 것이 탁구에서 예의다.

그런데도 그녀는 "OK!" 하면서 희희낙락한다. 약간은 상식에 벗어난 행동이지만 사람들은 또 한 바탕 웃고 넘긴다.

그래서 모두들 그녀를 OK선생님이라 부른다.

OK선생님은 부부가 함께 초등학교 교사였다. 남편은 지금 나이 여든 살인데 교장으로 정년퇴직을 해서 노부부가 조용한 시골에서 한가롭게 살고 있다. 넓은 아파트에서 두 사람의 연금액은 경제적으로도 궁색하지 않다. 남편은 취미생활로 붓글씨를 쓰고 그녀는 탁구를 치고 요가 교실에도 나간다. 건강하고 부지런해서 하루도 집에 붙어 있는 날이 없다. 종종 부부가 나란히 뒷산을 오르는 모습이 정겹게 보인다. 주위에서 모두들 부러워하는 부부다.

OK선생님이 명랑하고 사람 잘 웃기고 재미있지만 흉잡힐 짓도 많이 한다. 돈 쓰는 데 너무 인색하고 가끔은 난처할 정도로 얌체짓을 하는 것이다. 남에게 식사나 음료수를 여러 번 대접 받으면서도 자신은 커피 한 잔 사는 일이 없다. 탁구가 끝나고 집에 갈 때는 방향이 전혀 다른 사람의 차로 자기 집까지 태워달라고 한다든지, 승부욕이 강해서 시합을 하면 꼭 이겨야만 직성이 풀린다. 자기는 실력이 달리니까 남의 힘을 빌어서라도 이기려고 한다. 그런 속셈으로 되도록이면 단식은 피하고 복식을 하자고 우겨서 가장 잘 치는 사람 편에 끼어든다. 그래서 이기면 "OK! OK!" 하면서 좋아한다. 그러나 사람들은 그저 그러려니 하고 문제삼지 않는다. 탁구장에서 가장 나이 많은 사람에 대한 배려이기도 하고 또 어찌 보면 악의 없고 순진하게 보이기도 해서다.

비가 오나 눈이 오나 단 하루도 거르지 않던 OK선생님이 탁구장에 나오지 않았다. 전에 없던 일이다. 탁구장 내에서

"OK!" 하고 외치는 소리가 들리지 않고 웃는 일이 별로 없이 조용해졌다.

그가 없는 탁구장은 어딘지 모르게 허전한 느낌을 준다.

한 달이 지나서야 모습을 나타낸 그는 얼굴이 많이 축나 있었다. 웃어 보였지만 그 웃음이 전 같지 않고 힘이 없었다. 여러 사람이 주위에 모여들어 무슨 일이 있었느냐고 물었다. 한참이나 망설이다가 말문을 열었다.

큰아들이 건축 사업을 한다고 했다. 한동안 사업이 잘 되어 여유가 생기자 은행에서 거액을 대출 받아 고층 상가 건물을 지었는데 분양이 되지 않았다. 이자 감당을 못 하자 부모가 살고 있는 아파트까지 저당잡혔고 급기야 은행에서 아파트를 경매 처분하겠다는 통지를 받았다. 할 수 없이 집을 급매물로 내놓아 은행 빚을 갚고 전셋집으로 옮겨갔다고 하면서 전에 없이 신세타령을 늘어 놓았다.

부부가 40여 년을 교직생활해서 자식들 4남매 잘 키워 내보내고 늘그막에 마음이나 편하게 살다 가려고 했더니 복이 다한 모양이라고. 평생을 아끼기만 하면서 살다보니 깍쟁이라는 말까지 들으며 살아왔다고. 혼잣말처럼 되뇌며 눈물을 보였다. 늘 웃기만 잘하던 얼굴에 눈물이 퍽이나 낯설게 보였다. 그는 곧바로 눈물을 훔치며 또 웃었다.

"우리 아들 상가 건물이 팔리기만 하면…."

OK선생님은 아들에 대한 기대와 희망을 놓지 않았다. 나는 그의 희망이 이루어지기를 진심으로 바랬다. 둘러선 사람들 모두가 나와 같은 마음이었을 것이다.

행복한 여인들

관광버스는 서귀포 천지연 폭포를 향해 가고 있었다. 여행사에서 나온 여자 안내원이 마이크를 들고 일어섰다. 두 손을 머리 위로 올려 하트 모양을 만들고 고개를 살짝 옆으로 꼬면서 애교스럽게 말했다.

"여러분, 사랑해요."

그녀의 안내 말과 익살스러운 농담이 계속 되었다. 낯 뜨거울 정도의 음담패설까지 거침이 없었다. 이런 말도 했다.

"어린 아이 때는 꼬치, 스무 살 이상 칠십 살까지는 ㅈ이라고 하지요, 그럼 칠십 살 이상은 뭐라고 할까요?" 그건 ㅈ도 아니라는 것이다. 차 안이 온통 난리가 났다. 눈물이

찔끔찔끔 나오도록 웃어댔다. 나이가 마흔아홉인 그녀는 제주도 토박이로 관광 안내원 일만 스물여섯 해째 하고 있다는 것이다. 자기의 이름이 강옥수라고 하면서 강냉이 옥수수를 생각하면 자기를 잊지 않을 것이라고도 했다. 능숙한 말솜씨와 어울리는 몸짓이 분위기를 휘어잡기에 충분했다. 차 안은 온통 웃음바다였다. 여행객들의 들뜬 기분이 차 안에 넘쳐흘렀다. 안내원의 시선이 우리 부부를 향했다.

“신혼여행 중이시네요, 신혼여행이란 신나는 사람과 혼나는 사람이 같이 하는 여행이랍니다. 아저씨는 어제 저녁에 신났어요, 혼났어요?”

다시 웃음이 터지며 차 안이 시끌벅적해졌다. 버스 안에는 서른다섯 명의 관광객이 타고 있었다. 그 중에서 부부동반은 우리뿐이고 다른 사람들은 모두 여자 혼자였다. 그러니 남자는 오직 나 밖에 없었다. 거의가 40~50대의 중년 여인들이었다. 꽃밭에 들어앉은 기분이었다. 우리 큰애가 어버이날을 맞아 주선한 효도관광으로 제주도를 간 우리 부부가 그 그룹에 끼게 된 것이다. 소위 패키지여행이었다.

안내원의 익살에 여자들이 맞장구를 치면서 분위기는 점점 재미있어졌다. 이야기 중에는 남편을 가지고 엎고 뒤집고 내리깎고 하는 내용도 많았다. 남자가 늙어서 밥이라도 얻어먹으려면 젊어서 잘해야 한다느니, 집에서 나올 때 제발 돌아오기만 해달라고 남편이 사정사정했다느니, 심지어는 성性에 대한 듣기 거북한 말까지 마구 쏟아져 나왔다.

남자가 돈 없는 건 봐 줄만 한데 힘까지 없는 건 도저히 못 봐주겠다는 말도 했다. 가정에서 숨 막히게 한 응어리들을 제주도에 와서 몽땅 털어 내버리고 가려는 것인가. 하지만 듣기에 조금 섭섭하기도 했다. 혼자만 여행을 떠나와서 남편이나 다른 가족에게 미안하다는 투의 말을 하는 사람이 하나도 없는 것이다. 더구나 남편을 폄하시켜 하는 말들이라니! 처음에 꽃밭에 들었구나 싶던 마음도 잠시고, 자리가 점점 거북해졌다. 꼭 나 들으라고 하는 말들 같아 고개가 수그러졌다. 곁눈질로 옆에 앉은 아내의 표정을 자꾸 훔쳐봤다. 내 아내도 자기들끼리 여행가면 저럴까? 설마….

목적지에 도착해서야 겨우 말들이 끝났다.

천지연 폭포를 구경하고 나서 가까운 거리에 있는 올레길 제7코스를 한 시간 쯤 걸었다. 시원한 해풍을 맞으며 들쑥날쑥 굽이굽이 해안가를 둘러싸고 이어진 낭떠러지 길을 걷는 기분이 상쾌했다. 오랜 세월 밀물과 썰물에 깎기고 할

퀴어 이루어진 갖가지 모양의 바위들이 아슬아슬한 절벽 아래 별천지를 이루고 있었다.

구불구불 해안선을 따라가던 중 한 곳에 멈춰 섰다. 안내원이 절벽 아래 한 곳을 가리켰다. 거기에 바다에서 하늘을 향해 불쑥 솟아오른 바위가 보였다. 높이가 이십여 미터쯤 되어 보였다. '외돌개 할망바위'라 했다.

옛날 바닷가에 노부부가 살고 있었다. 어느 날 고기잡이 나간 할아버지가 돌아오지 않았다. 할머니는 해변에 나가 먼 바다를 바라보며 몇날 며칠 할아버지를 부르다가 바위가 되고 말았다.

할머니가 바위로 변한 후 할아버지의 시신이 파도에 밀려 할머니 앞으로 와서 역시 바위가 되었다.

할망바위 앞에는 사람이 길게 누워 있는 듯한 바위가 또 있었다. 할아버지의 바위였다. 그러고 보니 할망바위는 정말 사람의 얼굴 형상을 하고 있었다. 눈, 코, 입의 모양이 여실하여 먼 바다를 바라보고 있는 사람의 모습이었다. 더구나 바위 꼭대기에는 풀이 자라 마치 바람에 날리는 할머니의 머리칼을 연상케 했다. 이십여 미터나 되는 바위 꼭대기에서 풀이 자라는 것도 기이한 일이었다.

안내원의 설명에 우리 일행은 잠시 숙연한 분위기가 되었다.

옛 사람의 애틋한 사랑 이야기에 감동이 컸다. 가는 곳마다 어찌 이리도 안타까운 전설이 많은 것일까. 신라시대 박제상 아내의 망부석 이야기며, 백제시대 정읍사井邑詞 설화가 모두 그렇다.

한갓 전설로만 취급하여 웃어넘기고 말 일이 아니다. 우리의 옛 여인들은 실제로 그렇게 순수하고 애절한 사랑을 몸소 실천하고 살았던 것이다. 그래서 할망바위의 전설도 생겨났으리라.

황혼 이혼이 늘어나고 인스턴트 사랑이 유행인 요즘 사람들이 한 번쯤 되새겨 볼 일이다.

숙소로 돌아오는 버스 안은 여전히 시끄러웠다. 뒷자리에서 이야기하는 소리가 들렸다.

"오늘 저녁에는 다금바리 회에 쏘주 한 잔 하러 가자."

행복한 여인들이었다. 살기 힘들다고 하소연하는 사람도 많지만 즐겁고 편하게 사는 사람도 많은 세상이다. 일행 중에 어떤 이는 작년에 왔을 때도 지금의 안내원을 만났다면서 뗄 수 없는 인연이라고 수다를 떨기도 했다. 제주도를 동네 마실 다니듯 하는 모양이었다. 훌훌 떨쳐버리고 떠나오니 살 것 같다고 환성을 지르는 사람까지 있었다.

언젠가 중국 상해 · 소주 · 항주 지방을 여행할 때 만났던 여자들 생각이 났다. 그때 한 여자가 자기 아들이 고3이라고 했다. 입시생 아들을 두고 어떻게 여행 다닐 마음의 여유가 있느냐고 물었더니 아들의 인생과 자기의 인생은 별개라는 대답이었다.

할망바위가 못내 마음을 무겁게 했다. 누가 그 바위를 들어다가 내 가슴에 얹어놓기나 한 것처럼. 바위로 변했다는 말은 지어낸 이야기라 할지라도 그 시절 여인들의 삶을 나타낸 것이란 생각이 들었다. 바다에 나가 돌아오지 못한 남편이 어디 한둘이겠는가. 하룻저녁에 제사가 여남은 집이나 되는 어촌도 있다는 말을 들은 적이 있다.

더러는 본능을 억압하는 도덕률에 반기를 들기도 하고, 생활의 굴레에서 일탈도 하면서 살아가는 이 사람들이 어쩌면 행복한 사람들인지도 모른다.

시골에 살기

개구리 우는 소리를 들었다. 어제 저녁 밖에 나갔다 돌아오던 길이었다. 바쁜 일도 없고 거리가 멀지도 않아서 산책하는 기분으로 슬슬 걸어서 돌아오는데 물 고인 논 옆을 지나다가 개구리가 떼 지어 우는 소리에 발걸음을 멈췄다.

참으로 오랜만에 들어보는 개구리 소리, 하늘을 쳐다보니 보름인 듯 둥그런 달이 나뭇가지 사이로 보이고 별빛도 희미하게 깜박이고 있었다. 한참 동안이나 개구리 소리를 듣고 있자니 어렸을 적 시골 고향 풍경이 눈에 선하게 떠올랐다.

어릴 때 살던 고향마을 앞은 상당히 넓은 들녘이었는데

여름날 저녁 툇마루에 앉아 삶은 감자나 보리개떡을 먹고 있노라면 시간을 맞춰 개구리가 울곤 했다. 무논에서 떼 지어 우는 개구리 소리는 흡사 악단의 연주를 연상케 한다.

그들은 무턱대고 울어대는 게 아니라 음정 박자가 맞고 시작과 끝이 명확하다. 어느 시각 어떤 개구리 한 마리가 울기 시작하면 온 들녘 개구리들이 일제히 울어댄다. 그것은 마치 악단의 지휘자가 지휘봉으로 척 신호를 함과 동시에 악기들이 일제히 소리를 내는 것과도 같다. 그러다가 또 어느 순간에 일제히 딱 멈추기도 하는데 어떻게 서로 맞추는지 희한하게 생각했었고 그 의문은 지금도 풀리지 않고 있다. 그것은 진정 경이로운 자연의 연주곡이다.

삼십여 년을 서울에서 일에 쫓기고 소음에 시달리다가 시골에 살기 시작한 후로는 늘 몸도 마음도 다 편안하다.

서울 나들이 한번 하려면 한참을 걸어나가 또 한참을 기다리다가 버스를 타야 한다. 하지만 그게 오히려 한가롭고 차창으로 보이는 오월의 풍경이 싱그럽기 그지없다. 연두색에서 진초록으로 바뀌어가는 산들, 그 산자락에 드문드문 서 있는 집들, 무논에 흰 두루미 한 쌍이 기웃거리며 걸어 다니고, 저 건너 밭둑에 검은 염소가 풀을 뜯고 있는 정

경은 옛 고향 마을인양 다정스럽다. 보리밭에는 다 자란 보리들이 오월 훈풍에 초록빛 파도처럼 일렁이고 저수지가에 낚시꾼 서너 명이 낚싯대를 드리우고 앉은 모습이 차창으로 스치고 지나간다. 버스 안내방송에서 흘러나오는 정류장 이름도 정겹다. "이번 정류장은 저수지 윗마을입니다.

다음 정류장은 배밭 앞입니다." 시골에는 버스 정류장 이름들도 자연스럽고 재미있게 지어져 있다. 양지마을, 오리골, 느티나무 앞…. 버스를 타고 가는 시골길은 차가 느려도 지루하지가 않다. 차창 밖으로 보이는 산과 나무와 꽃 등 전원풍경 감상하는 재미에 시간 가는 줄 모른다. 시간에 쫓길 일도 별로 없어 오늘이 며칠인지, 지금이 몇 시인지 굳이 신경을 쓰지 않는다고 해서 크게 잘못될 일도 없다.

한번은 이런 일도 있었다.

밖에 나갔다가 집으로 돌아가는 길에 정류장에서 한참을 기다려 버스를 탔는데 출발할 생각을 하지 않았다. 왜 안 가느냐고 물었더니 "시간 있으니까 좀 쉬었다 갑시다." 하는 것이었다. 처음에는 화가 났지만 시골 생활에 익숙해지자 으레 그러려니 하고 웃으면서 넘길 수 있는 마음의 여유가 생겼다.

농촌에서는 모르는 사람에 대한 경계심도 없어 대화의

통로가 쉽게 열리고 서로 왕래도 잘 이루어진다. 처음 보는 사람인데도 다짜고짜 "농협에 가려면 몇 번 마을버스를 타요?"하고 묻는다.

"실례합니다, 말씀 좀 묻겠습니다." 하는 따위의 수식어를 쓰는 일도 없다. 아래층에서는 새로 이사왔다고 시루떡한 접시를 가져왔다.

시골은 진정 사람 냄새가 풍기는 곳이다. 집을 나서면 바로 논이나 밭이 보이고 밤에는 무섭도록 한적하고 어두운 산촌 마을이다. 풋풋한 자연 속에서 뻐꾸기 소리 꾀꼬리 소리와 함께 유유자적悠悠自適하게 살아가는 생활이 마치 고향에 돌아온 것처럼 마음 포근하고 좋다.

고려시대 문인 이인로의 한시 한수가 생각난다.

山居 / 李仁老
春去花猶在, 天晴谷自陰.
杜鵑啼白晝, 始覺卜居深.

산에 살며 / 이인로
봄은 갔건만 꽃은 오히려 남아있고,
하늘은 맑아도 골짜기는 어두워라.
대낮에도 두견새 우는 걸 보니,
사는 곳이 깊은 산골임을 비로소 알겠노라.

겨울 산행

내가 사는 동네 뒤에는 오르기 좋을 만한 산이 하나 있다. 한북정맥의 한 구간으로 한강봉漢江峰이라는 산인데 등산객들이 자주 거쳐가는 곳이다. 별로 높지도 않고 또 그리 야산도 아니어서 운동 삼아 등산하기에는 딱 알맞다. 그래서 한겨울 추운 날씨에도 나는 한강봉을 자주 오른다. 가쁜 숨 몰아쉬며 정상에 올라서면 시야가 확 트이어 가슴이 시원하다. 여름에는 우거진 나무들에 가려 보이지 않던 곳까지 한눈에 다 보인다. 눈 아래 세상을 환히 내려다보면서 잠시나마 속세를 떠나 있는 듯한 기분에 잠기기도 한다.

저 멀리 북쪽으로 운무 서린 감악산紺嶽山이 가물가물하

고 동남쪽으로는 손에 잡힐 듯 가까워 보이는 사패산賜牌山에서 도봉산道峰山에 이르는 능선이 물결처럼 부드럽게 곡선을 이루고 굼실거린다. 집 가까운 곳에 이런 산이 있다는 게 참으로 복 받은 일이다.

산은 계절마다 특별한 모습과 의미로 나를 맞는다. 봄에는 고난과 역경을 이겨내고 재기하는 모습과 생명의 신비를 일깨워주고, 여름에는 푸짐한 마음으로 남에게 베푸는 미덕을, 가을에는 세상만물에 한계가 있어 그치고 물러서야 하는 때를 알게 해준다.

겨울 산은 잎도 꽃도 없이 황량하고, 쓸쓸할 만큼 적막하지만 다른 계절과는 달리 우리에게 전달되는 의미가 퍽이나 엄숙하다.

봄부터 가을까지 싹을 틔우고 잎을 가꾸고 열매를 맺어서 온 산을 가득 채웠던 것들을 다 털어버리고 무소유의 상태로 침묵한다. 여름 한철 천둥번개와 비바람이 몰아칠 때도 끄떡없이 채우고 있다가도 때가 되면 조금의 미련도 없이 훌훌 털어내어 자신의 근원인 뿌리로 돌려보내고 다시 맞을 봄을 기다리는 것이다. 넘치면 비우고 부족하면 채운다는 대자연의 섭리를 보여준다. 한 순간에 그리도 철저하게 비워버릴 수 있다는 사실이 경이롭다. 인간으로서는 흉내도 낼 수 없는 자연의 위대함이다.

맨몸으로 서 있는 나무들은 그 종류를 구별하기가 어렵다. 어느 것이 도토리나무고, 어느 것이 밤나무인지 얼른 봐서는 알 수가 없다. 그저 키가 크고 작고, 줄기가 굵고 가늘고의 차이가 있을 뿐이다. 맨 몸으로 즐비하게 서 있는 나무들 속에 있으면 그것은 마치 수많은 사람들이 나신으로 서 있는 모습을 연상케 한다. 잎만 지고나면 나무들의 종류를 알기 어렵듯이, 사람도 옷 한 꺼풀만 벗고 보면 빈부귀천의 차이가 없을 것이라는 생각이 든다.

잎이 지고 줄기만 서 있는 겨울나무는 더욱 정겹다. 아무것도 숨김없이 속내를 다 털어놓고 속속들이 보여주는 친구 같아서 친밀한 정을 느낀다. 가지마다 환한 햇볕이 내려앉아 하얗게 윤기조차 흐르는 나목들의 알몸뚱이가 만지면 따뜻한 체온이라도 느껴질 것 같은 생각이 든다.

수북하게 쌓인 낙엽위에 조용히 앉아 있노라면 나도 한 그루의 나무가 된다. 세상일 다 잊어버리고 벌거숭이 나무들과 함께 호흡하고 있는 동안은 마음이 정화되는 듯한 희열을 느낀다. 이 가지 저 가지를 뻔찔나게 넘나들던 청설모와 다람쥐도 겨울에는 잘 보이지 않고, 암수가 희롱하며 나무 사이를 맴돌던 산까치며, 고운 옷으로 단장한 곤줄박이도 눈에 띄지 않는다. 다들 제 보금자리에 들어앉아 쉬고 있는 것일까. 겨울산은 전부를 비워버리고 봄을 기다리며 조용히 휴면하고 있다.

나는 지금까지 살아오는 동안 언제 비워본 적이 있었던가. 비울 생각은 하지 않고 채우는 데만 급급하며 살아왔다. 장롱 안에는 10년에 한 번도 입어보지 않은 옷이며 매지도 않은 넥타이가 수두룩한데도 좋은 옷을 보면 또 사고 싶고, 건넌방 책장에는 언제 펴봤는 지 기억도 없는 책들이 먼지를 뒤집어쓴 채 겹겹이 쌓여 있지만 매달 배달되어 오는 잡지 한권 버리는 것도 망설이고, 막상 그것들을 버리려고 하다가는 미련이 남아 다시 들여 놓곤 했었다. 더 새롭고 더 값진 것으로 채우기 위해서는 비워야 한다는 간단한 진리를 알지 못하고 있었다. 겨울산은 그 진리를 나에게 알려 준다.

그래서 나는 추운 겨울에도 산을 오른다.

3부 뜨개질하는 여자

사람 미워하기

토요일 오후, 산행에서 돌아오니 아내는 외출하고 없었다. 속이 출출하고 목도 말라 술이나 한 잔 할 요량으로 냉장고를 열어봤지만 술이 없었다. 길 건너 가까운 마트에 가서 소주 몇 병과 소시지 등 먹을거리를 골라 계산을 마치고 나오다가 점원 여자에게

"요새는 소주 한 병에 얼마요?"

하고 물었다. 이것저것 몇 가지를 사서 단가는 들여다보지도 않고 총액만 지불했던 터라 뉴스에서 술값 오른다는 말을 들었기에 그저 지나가는 말처럼 가볍게 물어봤던 것이다.

"거기 영수증 있잖아요, 할아버지! "

이건 마치 데려온 의붓자식 나무래듯 하는 게 아닌가. 가을날 약이 바짝 오른 말벌보다 더 싸늘한 기운을 풍겼다. 하도 어이가 없어 한참이나 여자의 얼굴을 바라보고 서 있었다.

"그래요? 나는 글자를 못 읽어요. 생긴 대로 놀고 있네!"

이 말이 목구멍까지 밀고 올라왔지만 아랫입술을 아프도록 깨물면서 그냥 나오고 말았다. 정말 생긴 대로 노는 여자였다. 자기도 50이 넘었을 나이, 얼굴에는 골이 파이고 머리는 흰 서리가 내리기 시작했는데 나에게 감히 시골 무식쟁이 영감 취급이라니. 게다가 면판이라도 좀 반반하게 생겼으면 그런대로 봐주련만, 키는 밟아 잡은 짱뚱이 만하고, 머리는 해묵은 까치집 같고, 눈은 뱁새눈이요, 코는 빈대코요, 입은 메기주둥이를 닮은 주제에 내뱉는 말까지 곱지 않았다.

생각할수록 분통이 터져 견딜 수가 없었다. 그렇지 않아도 직장을 그만둔 후로 사람들이 모두 나를 무시한다는 생각에 기분이 찜찜하던 판이었다. 더구나 요즘 들어 아내까지 전과 다르게 말투가 거칠어진 것 같아 늘 떫은 감을 씹는 기분이었는데 또 무시를 당하다니. 허드레옷 입은 채로 소주병이나 사러 오니까 촌무지렁이 늙은이로 알았나? 이거야말로 완전 어처구니 실종사건이었다.

시골구석으로 이사온 게 아니었는데. 퇴직했으니 조용히 목가적 낭만을 즐긴다고 생각한 게 착각이었을까.

왕년에 잘나갈 때는 목에 힘깨나 주고 다니던 나였다.

가는 곳마다 환영이었고, 어느 집 소갈비는 질기고 맛이 없다고 타박하고, 어지간한 전화는 있으면서도 없다고 따돌리곤 하지 않았던가.

집에서, 그것도 토요일 오후에 혼자 궁상맞게 소시지 안주에다 소주를 마신다는 건 생각도 할 수 없는 일이었다.

하지만 사실이 그렇게 되고 말았다. 성가실 정도로 많이 걸려오던 전화도 뚝 끊기고 술은 고사하고 식사 한 끼 같이 하자는 사람도 없었다. 이제 나의 시대는 지났다고 스스로를 위로하고 지내지만 서글프고 처량한 심사를 달랠 길이 없었다.

메기주둥이가 시간이 갈수록 마음에 걸리고 미웠다. 그때 바로 속 시원하게 쏘아붙이지 못한 게 자꾸만 후회 되었다. 그 마트에는 아예 가지 않기로 작심했다. 소주 한 병에 2백 원을 더 주고 사면서도 멀리 있는 편의점으로 갔다. 2

백 원이 문제가 아니라 한 병에 만원을 주는 한이 있더라도 그 마트에는 가지 않겠다고 각골명심刻骨銘心했다. 그렇게 결심을 하고나니 기분이 통쾌했다. 그리고 마트에 장사가 안 되기를 속으로 빌었다. 나의 마음속에 지독한 미움 덩어리 하나가 자라고 있었던 것이다.

산에 가는 길에도 마트 앞을 지나면서 메기주둥이가 보이면 도끼눈으로 흘겨보고 속으로 욕을 퍼부었다. 손님이 와글대면 사촌이 논 사는 것보다 더 배가 아팠고, 한산하게 파리를 날리고 있으면 로또 복권에 당첨이나 된 것처럼 기분이 좋았다.

알 수 없는 일이었다. 처음에는 메기주둥이를 미워하고 욕하면서 그 마트에 가지 않는 것이 통쾌하고 시원했는데 날이 갈수록 그게 아니었다. 마음속에서 미움이 자랄수록 편하지가 않았다.

증오심이라는 괴물의 멍에 속에서 헤어날 수가 없었다.

소주나 막걸리를 사러 편의점에 갈 때는 물론이고, 심지어 철사가 필요해서 철물점에 가면서도 마트 생각이 떠올랐다. 물건을 사거나 가게에 들를 때는 어김없이 마트 생각이 나는 것이다.

밥을 먹을 때도, 술을 마시면서도, 잠을 자려고 자리에 누워도 메기주둥이에 대한 불쾌한 감정 때문에 괴로웠다.

증오심의 노예가 되어 마음의 자유를 잃어버리고 말았다. 어느 날, 곰곰이 생각해 보니 내 자신이 참 한심하게 여겨졌다.

나 한 사람 마트에 가지 않는다고 해서 장사를 못하는 것도 아니고 메기주둥이가 마트의 주인도 아니지 않는가. 또 점원 여자 하나를 상대로 내가 이게 무슨 꼴이냐 하는 생각이 들기 시작했다. 사람에 대한 증오심을 마음속에 간직한 채 살고 있는 자신이 너무 초라했다.

마트에는 하루에도 수십 수백 명의 손님이 올 것이다. 그리고 물건값을 물어보는 사람도 많을 것이다. 하루 이틀도 아니고 허구한 날 그 대답을 하자면 피곤하지 않겠는가. 짜증이 나는 건 당연한 일이다. 나라도 그럴 것이다. 세상에 메기주둥이 같이 불친절한 여자가 어디 한둘이겠는가. 그런 여자를 만날 때마다 미워하는 마음을 키워갈 수는 없는 것 아닌가. 그리고 나 혼자서만 증오심을 불태웠지 정작 상대방은 그런 사실 조차도 모르고 있을 게 뻔한 일이다. 평소에 용서가 이기는 길이요 아름다운 미덕이라고 주장하던 자신이 부끄러웠다.

오랜만에 마트로 갔다. 맥주와 대구포 등 여러 가지 먹을

거리를 한 아름 사가지고 나왔다. 그리고 메기주둥이를 보면서 미소도 지어줬다. 그녀도 웃으며 고개를 까닥했다. 그러고 나니 마음이 한결 편해졌다.

뜨개질하는 여자

한낮이라선지 전철 안은 그리 붐비지 않았다. 통로에 서 있는 사람은 서너 명에 불과했다. 늘 그렇듯이 거의가 고개들을 숙이고 있었다. 대개는 젊은 사람들인 경우가 많지만 더러는 경로석에 앉아서 고개를 숙이고 전화기를 들여다보며 화면을 넘기는 노인도 보였다.

스마트폰이 나오면서부터 우리 주위가 모두들 '고개 숙인 사람들'이다. 길을 가거나 횡단보도를 건널 때도, 계단을 오르내린다든지 전철을 타고 내리는 순간에도 고개 숙인 사람들이 많다.

교통이 복잡한 거리에서는 위험해 보여 신경 쓰이고, 나는 빨리 가야 하는데 앞에서 전화기 들여다보느라고 얼쩡거리고 있으면 짜증이 나기도 한다. 그렇잖아도 현대인들이 다른 사람에게 무관심하고 오직 자기위주로만 행동하는데 이제는 더욱 냉랭하고 삭막한 도시로 변해버렸다. 식사시간에도 별로 다르지 않다. 대중음식점에서는 물론이고 가정에서 가족 친지가 모여 함께 식사하는 자리에서도 아이들은 고개를 숙이고 있다. 가족 간의 소통은 더욱 어려워졌다.

맞은편 좌석에 앉은 여자는 고개를 숙이고 있긴 하지만 전화기를 들고 있는 게 아니어서 특별히 나의 관심을 끌었다. 그녀는 뜨개질을 하고 있었다. 옛날에는 공원 벤치라든지 기차나 버스를 탔을 때 흔히 볼 수 있었으나 지금은 사라져간 것 중의 하나다. 오랜만에 뜨개질하는 여자를 만나니 조금은 신선한 느낌으로 다가왔다. 30대 중반 쯤 되었을까? 군청색 바지, 갈색 점퍼를 걸친 입음새가 자연스럽고 단아하게 보였다.

전철 안은 조용했다. 다만 여기저기서 간간이 전화를 하는 목소리가 들릴 뿐이었다. “그래, 내일 또 한잔 하세.” 하고 차 안이 다 들리도록 큰 소리로 외치는 영감님도 있고,

20대 초반으로 보이는 아가씨는 몇 개의 역을 지나도록 깔깔대며 수다를 떨었다. 하지만 뜨개질하는 여자는 오직 뜨개질에만 전념하고 있었다. 그동안 그녀는 두 번의 전화를 받았다. 갈색 점퍼 왼쪽 호주머니에서 거의 문고판 책 크기에 가까운 전화기를 꺼내들고

"응, 그래 알았어. 나 지금 전철 타고 있으니 나중에 다시 통화하자."

나직한 목소리로 서둘러 전화를 끊고는 뜨개질을 계속했다. 그녀는 마치 아틀란티스에서 온 여인이나 된 것처럼 시대를 비껴나 있는 듯했다.

뜨개바늘 다루는 솜씨가 퍽이나 익숙하고 민첩한 손놀림이었다. 차가 정차하면 고개를 들어서 맞은 편 창밖을 내다보기도 했다. 그럴 때는 까맣게 윤기 흐르는 머릿결이 어깨에 닿을 듯 찰랑거렸다. 긴 목에 유난히 검은 눈썹, 입술을 꼭 다물고 눈에는 웃음기가 조금 보일 듯 말듯 했다.

나는 무슨 예술품 감상이라도 하듯 그녀에게 눈길을 주고 있었다. 스웨터를 뜨고 있는 것 같은데 누구를 위해 저리도 열심히 뜨개질을 하고 있을까? 그녀의 나이로 봐서 남편도 젊을 텐데 손으로 뜬 스웨터를 입을 리는 없고 아무래도 시어머니 아니면 친정엄마를 위한 것이 아닐까 싶었

다. 그러다보니 내 기억의 실마리가 세월을 한참이나 거슬러 올라갔다.

손으로 뜬 스웨터를 즐겨 입고 다니던 때가 있었다. 아내가 감색 505털실로 한 코 한 코 떠서 만든 것으로 대나무 뜨개바늘 끝에서 긴긴 겨울밤이 사위어간 작품이었다. 흰 와이셔츠 위에 그 스웨터를 입고 거울 앞에 서면 목 밑 V자로 파진 부분으로 넥타이가 살짝 보이는 모습이 내가 봐도 그렇게 멋질 수가 없었다. 추운 겨울에 거리를 걸어다녀도 소 · 대한 추위를 별로 느끼지 못했다.

털스웨터가 따습기도 하지만 아내의 정이 느껴져 더욱 훈훈했다. 지금은 모두들 백화점에서 좋은 스웨터를 쉽게 사서 입고 다닌다. 그러나 그것은 사랑과 정성이 담겨 있지 않은 기계로 대량생산한 제품일 뿐이다. 세상이 변해서 손으로 스웨터를 뜨는 고생을 사서 할 필요는 없어졌다. 뿐만 아니라 편하고 쉬운 것만 찾는 요즘 누구를 위해 털실 올올이 정성을 담을 여자가 있을 것 같지도 않다. 이런 세태를 생각하면 마음이 무척 삭연索然하다.

내가 내릴 동대문역에 이르도록 그녀는 뜨개질을 계속하고 있었다. 전철을 내리면서 다시 한 번 그녀를 돌아다봤다.

그 스웨터를 받을 주인공이 나라도 된 것처럼 가슴이 훈훈해지는 기분이었다.

어느 경비원의 한숨

우리 아파트 주변에도 가을의 끝자락에 접어들었다. 갖가지 나무들이 노랗고 빨갛게 물들어 설악산이나 내장산에 가지 않아도 단풍 구경 실컷 할 수 있다고 자랑했던 게 엇그제 같은데 벌써 가을은 저만치 멀어져가고 있다.

은행나무에 눈이 부시도록 노랗게 빛나던 가을, 벚나무 가지마다 빨갛게 불타던 가을이 소슬바람에 한 잎 두 잎 낙엽으로 떨어져 내린다. 바람이 조금이라도 세게 불 때는 한꺼번에 우수수 쏟아져 버린다. 그럴 때는 내 마음 안에서도 조락凋落의 스산한 바람 소리가 들린다.

햇볕 좋은 날 벤치에 앉아 시나브로 떨어져 내리는 은행

잎을 보고 있으면 마음이 촉촉이 젖어온다. 해묵은 기억 저편에 차곡차곡 겹쳐 있던 상념들, 쌓인 낙엽만큼이나 수많은 사연들이 고개를 들고 일어나 옛날을 일깨운다. 조금은 쓸쓸한 느낌이 들지만 낙엽이 내리는 벤치에 앉아 있는 시간이 좋다. 가을이 좀 더 오래 머물러 주었으면 싶다.

오늘아침 일찍 카메라를 들고 밖으로 나갔다. 어제 집에 들어오는 길에 보니 여기저기 노랗게 물든 은행나무가 곱고 땅에 떨어진 색색의 낙엽들도 무척이나 아름다웠다. 그걸 카메라에 담아 작품 하나 만들어 볼 생각이었다. 그러나 나의 기대는 한 순간에 무너지고 말았다. 아파트 경비원들이 긴 장대를 가지고 은행나무를 두들겨 잎을 털어내고 한편에서는 땅에 떨어진 낙엽을 깨끗이 쓸어내고 있는 것이다. 나는 다소 화난 목소리로 항의하듯이 물었다.

"아니, 그 좋은 단풍을 왜 털어버리세요?"

비질을 하고 있던 나이가 꽤 들어 보이는 경비원 한 사람이 나를 한참이나 바라보더니 피식 웃으면서 답답하다는 투로 말했다.

"아이고 사장님, 이놈의 단풍 때문에 아주 죽을 지경입니다."

한마디로 자기들에게는 가을이 지겹다는 것이다. 낙엽을 쓸고 돌아서면 또 떨어져 있고, 또 떨어져 있고…. 아침부터 저녁까지 낙엽 쓸기에 하루를 다 보내도 부족하다는 것.

그래서 아예 한꺼번에 털어내어 쓸어버리기로 했다고 말하는 그의 표정에 피곤한 기색이 역력했다.

"낙엽을 꼭 그렇게 쓸 필요가 있어요? 다 떨어진 후에 쓸면 되지, 낙엽을 밟으며 걷는 것도 좋은데."

"허허 참, 그건 다 살기 편한 사람들 말이지요."

엄마들이 수시로 인터폰을 해댄다고 한다. 왜 청소를 안 하느냐, 주민들이 관리비 내서 월급을 받으면 그 값을 해야 할 것 아니냐, 심지어 어떤 엄마는 관리소장에게 전화를 해서 소장으로부터 경고를 받게 되고 그런 일이 반복되면 신상에 불이익을 받을 수도 있다는 것이다. 실제로 그런 일이 있다고 했다. 새로 들어온 경비원 한 사람이 청소하는 것은 본래의 임무가 아니라고 말대답을 했다가 어머니회에서 들고 일어나는 바람에 할 수 없이 그만둔 일이 있단다.

경비원이라도 하려는 사람은 많고 자리는 없어 경쟁이 치열하다는 것. 그는 벌써 겨울 걱정을 하고 있었다. 눈이 많이 오면 참으로 큰일이라는 것이다. 낙엽이야 한 번 두들겨 쓸어버리면 그만이고 날씨도 춥지 않아 괜찮지만 겨울에 눈이 많이 내리고 어린애가 미끄러져 다치기라도 하는 날이면 애 엄마의 성화로 아예 짐을 싸야 한다면서 한숨을 쉬었다. 단풍이 들고 낙엽이 내리는 가을이 자기들에게는 고통스러운 계절이라고 말하는 경비원의 얼굴이 벌써 추워 보였다.

아름다운 자연의 모습도, 자연의 소리도 사람에 따라, 장소에 따라 아름답기도 하고 귀찮기도 하는 것이구나 싶었다. 여름날 시원한 그늘 아래서 매미 소리를 듣는다는 건 생각만 해도 마음 편안하고 행복한 일이다. 하지만 몇 해 전 대학 입시 때 영어 듣기 시험 장소로 지정된 서울의 어느 학교에서 전 교직원이 동원되어 매미 잡느라고 바쁘다는 신문 기사를 읽고 놀랐던 적이 있다.

아름다운 단풍과 낙엽을 담아 작품 하나 만들어 보려던 애초의 계획은 허사가 되어버리고 말았다. 그 대신 경비원의 고달픈 가을을 카메라에 담아 보기로 했다.

그러나 아무리 노력해 봐도 잘 되지가 않았다. 그렇다.

어떤 기술 좋은 사진작가라 할지라도 늙은 경비원의 괴로운 심정을 사진에 담아내지는 못 할 것이다.

놀부의 후예

100×17,505=1,750,500

500×5,299=2,649,500

초등학생 곱셈 문제가 아니다.

최근에 전해진 소식에 의하면 경남 창녕에서 어느 건축업자가 외국인 노동자에게 밀린 임금을 위의 숫자와 같이 지급했다고 한다. 우즈베크스탄 출신 노동자 4명을 고용하고 임금을 제때 주지 않자 노동자들이 항의를 했다. 이에 성질이 난 그 건축업자는 밀린 임금 440만 원을 모두 동전으로 바꾸어 100원 짜리 17,505개(1,750,500원), 500원 짜리 5,299개(2,649,500원)를 주었다는 것이다. 그것도 그냥 준 것이 아니라 100원 짜리와 500원 짜리 동전을 사무실 바닥에 쏟아부어 뒤섞어 놓고는 "가져 가!"했다는 것.

이 외국인 노동자들, 속이야 동짓날 가마솥에 팥죽 끓듯 했겠지만 말도 잘 통하지 않는 머나먼 이국땅에서 무슨 수가 있으랴.

그렇게라도 돈을 받게 된 걸 다행으로 여기고 넷이서 둘러메고 숙소로 가져와 힘들게 분류작업을 했다. 그리고는 인근 상점 주인에게 손짓발짓 해가며 지폐로 바꾸어달라고 도움을 요청했다.

그 상점 주인이 적극 협조해 주었다. 하지만 은행, 농협 등 몇 군데를 찾아가도 동전이 너무 많다고 바꾸어주지 않았다. 겨우 한국은행 경남 본부에 가서야 5만 원짜리로 바꿀 수 있었다. 한은 직원 4명이 40여 분 동안 작업을 했다고 한다. 그리고 한은에서는 물티슈, 수건, 치약, 칫솔 등을 그 외국인 노동자들에게 나누어주면서 위로했다.

인간을 망각의 동물이라고 한다면 틀린 말이 될는지 모르겠다.

내가 전문적으로 연구해본 적이 없어 자신 있게 말할 수는 없지만 참으로 잊기를 잘 한다. 우선 나 자신 역시도 그렇다.

우리 민족이 가난으로 인해서 겪었던 설움은 새삼스럽게 들출 필요도 없다. 서적, 노래, 언어 등 어디에도 가난의 설움이 배어 있지 않은 곳이 없다. 먼 옛날은 그만두고 60년대에만 해도 많은 우리 형제자매들이 돈을 벌기 위해서 이역만리 타국으로 떠났다. 돈이 된다면 못할 짓이 없던 그 시절, 서독에 광부로, 또 간호사로 많은 사람들이 가서 돈을 벌어 왔다. 그들이 머나 먼 타국에 가서 편안히 매화타령이나 하면서 돈을 벌었을 리가 없다. 눈물겨운 사연도 많았을 것이다.

이제 조금 먹고살 만하니까 벌써 다 잊어버린 것일까. 언어도 통하지 않은 외국 노동자들이 우리나라에 와서 고생하는 게 결코 남의 일만은 아니다. 바로 지난날 우리의 모습이다. 또한 지금이라고 해서 국민 모두가 잘 사는 것도 아니다. 30억 현금을 비밀금고 속에 감추어두고 사는 사람이야 하늘이 특별한 복을 주어서 누리는 특권이지 아무나 할 수 있는 일인가.

배고픈 사람 밥 먹여주고 떠도는 나그네 노잣돈 주어서 보내던 풍속이 우리의 정서다. 결코 간교하고 악독한 민족이 아니다.

인간은 천사도 악마도 아니고 그 중간이라고 말하기도 한다.

이 말은 바로 어느 쪽으로든 변할 수 있다는 의미도 된다. 또 마음속에 천사와 악마의 기질을 같이 가지고 있어 서로 충돌하다가 이기는 쪽이 밖으로 나타난다는 이론도 있다. 어느 이론을 택하든 이 세상에는 악마도 있지만 천사도 반드시 있게 마련이다. 서두의 이야기에서 몰인정한 건축업자가 있었지만 외국인 노동자의 딱한 사정을 보고 적극 도와준 훈훈한 인정도 있었다.

이 세상은 당연히 선과 악이 공존하는 것이 아닐까 싶다. 최후에는 선이 승리하고 악이 망한다는 이론이 진리라면 인류 역사에서 악은 이미 다 사라지고 자취도 없어야 할 것이다. 그런데도 악이 계속 횡행하고 있다. 그리고 세상에 악이 전혀 없다면 특별히 선이라고 부를 것도 없지 않을까?

악은 영원히 존재할 것이지만 그렇다고 해서 악만 있는 세상도 되지 않을 것이다.

천사니 악마니 하는 거창한 이론을 들먹일 필요도 없다.

우리 인간은 누구나 마음속에 원초적으로 '양심'이라는

제어장치를 가지고 있다. 앞에서 말한 그 건축업자도 양심은 있었지만 그 제어장치를 사용하지 않아서 놀부의 심통을 부렸고, 그러면서도 결코 마음이 편치는 않았을 것이 분명하다. 크게 후회했는지도 모른다.

호사가들의 말이겠지만 요즘의 놀부는 환골탈태換骨奪胎해서 매우 선량한 사람이 되어 있다고 한다. 충분히 그럴 수 있고 또 그렇게 되어야 한다.

그래서 세상은 역시 살 만한 곳이 아니랴.

나의 낚시법

우리 동네 근처에 저수지가 하나 있다. 사방이 산으로 둘러싸여 주위가 조용하고 물이 깨끗해서 좋다. 걸어서 다닐 수 있는 가까운 거리다. 나는 한가한 시간이면 더러 낚시가방을 메고 그 저수지를 찾는다. 소나무와 참나무가 우거진 산 밑에 자리한 저수지 주변의 경관이 운치 있고 정겹다.

뒤로는 배 밭과 복숭아밭이 여기저기 널려 있어 봄 한 철은 눈처럼 하얀 배꽃과 분홍빛 복사꽃이 마치 꿈속에서 세외 절경을 보는 양 환상적이다. 이백의 '별유천지비인간別有天地非人間' 한 구절이 떠오름직한 풍경이다.

어쩌다가 아침 일찍 나갔을 때 햇빛 비친 저수지 수면은 그 속에 풍덩 빠져들고 싶은 충동을 불러일으킨다. 물안개 은은히 피어오르고 눈부신 햇살에 반짝이는 윤슬이 어느 비단결 무늬보다 아름답다.

청승맞은 뻐꾸기 소리는 더욱 호젓한 분위기를 자아낸다. 숲속에서는 밤이 아닌데도 소쩍새 소리가 들릴 때도 있다. 소쩍새 소리를 듣고 있으면 언제나 고향집 앞마당에 서 있던 감나무가 떠오른다. 어렸을 때, 가까운 감나무에서 들리는 소쩍새 소리는 처량하기도 하고 더러는 무서운 생각이 들기도 했다. 어른들은 소쩍새 소리로 그해에 풍년이 될지 흉년이 될지를 점쳤다. '소쩍 소쩍' 하고 울면 풍년이 들고 '소텡 소텡' 하면 흉년이 든다는 것이다.

나이 들고 보니 그것마저도 그리운 추억으로 남아 있다.

낚시를 한다지만 지금까지 살림망이 묵직하도록 고기를 담아와 본 적이 없다. 대낚 한 대 달랑 펴 놓고 앉아 있으니 그럴 수밖에. 그나마 온 정신을 찌에 집중하고 기다려야 할 텐데 눈은 주위 풍경을, 마음은 과거 현재 미래를 달리면서 온갖 상념에 잠겨 찌가 요동쳐도 모르고 그냥 지나치고 만다. 소주 한 병이 다 빌 때까지 혼자 물가에서 시간만 보낼 뿐이다. 그렇다고 해서 내가 감히 지자요수智者樂水의 경지에 있는 것도 아니요, 태공망의 세월 낚기와는 더욱 거리가 멀다. 그저 좋은 경관 속에서 한가로운 한 때를 잘 보낸 걸로 만족한다. 그러니 돌아올 때도 나갈 때와 마찬가지로 빈 그릇이다. 어쩌다가 서너 마리 건질 때도 있지만 다시 그 자리에 털어 넣고 온다.

언젠가 한번은 중 · 고생인 두 아들과 같이 3부자가 어느 낚시클럽에 끼어 충주호로 밤낚시를 간 적이 있다. 그 좋은 낚시터에서 하룻밤을 새웠지만 나는 단 한 마리도 건져 올리지를 못했다.

가자마자 포인트 잡아서 낚시 한 번 던져 놓고는 밤새껏 술 마시고 왔다갔다하면서 놀았던 것이다. 그래도 끝나고 올 때 낚시클럽에서 나에게 특별한 상을 주었다. '삼부자 화목상'이었다.

낚시터에 가면 한 사람이 릴낚시를 대여섯 대씩 늘어 놓고 앉아 있는 걸 흔히 볼 수 있다. 그야말로 '꾼' 이다. 그걸 보면 아주 기분이 좋지 않다. 설마 낚시를 생업으로 해서 살아가지는 않을 텐데. 낚시도 사냥도 다 살생이 따르기 마련이다. 그래서 그들을 낚시꾼, 사냥꾼이라고 부른다. 아무런 욕심도 없이 그저 산이 좋아 산을 찾는 사람은 등산꾼이라 하지 않고 등산객이라고 한 것도 그런 이유 때문이 아닌가 싶다. 어느 경우에나 다 그런 건 아니지만 '꾼' 자가 붙으면 대개 좋지 않은 것들이 많다. 노름꾼, 사기꾼, 훼방꾼, 정치꾼….

이기적인 인간이 레포츠라는 말을 만들어내서 낚시나 사냥을 즐기고 있다. 살생을 하면서 즐거움을 느낀다는 건 너무 잔인한 짓이다. 낚시꾼들이 자주 말하는 '손맛' 이란 것도 그렇다. 낚시에 걸린 고기가 끌려 올라오면서 버둥거리는 그 필생의 몸짓을 손의 감각으로 즐긴다는 뜻이다. 사냥꾼도 마찬가지다. 자기의 총에 맞고 피를 흘리며 죽어가는 짐승을 보면서 그걸 스포츠라고 즐긴다. 소름 끼치는 일이다. 동물의 세계에서는 어차피 약자가 강자에게 먹히는 것이 자연의 법칙이지만 포식 동물은 자기의 생존을 위해서 꼭 필요할 때, 필요한 만큼만 사냥을 한다. 인간처럼 재미로 살생을 하지는 않는다.

나의 낚시법은 누가 보나 지극히 어설프고 싱거운 짓이다. 생각해보면, 비단 낚시뿐 아니라 지금까지 세상살이를 모두 그렇게 살아오지 않았나 싶다. 그러니 지난 세월을 돌이켜서 아무리 옴니암니 따져 봐도 온통 적자투성이다.

만약 내가 세상에 다시 태어난다고 해도 현재의 낚시 방식을 고칠 생각이 없다. 다만 낚시가 아닌 다른 일들은 적극적으로 쟁취해서 적자투성이가 아닌 삶을 한 번 살아보고 싶다.

술 유감遺憾

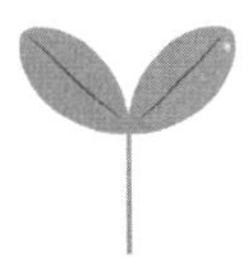

동서고금을 망라해서 술에 얽힌 이야기를 하자면 한이 없을 것이다. 술로 인해서 나라를 망친 군주도 있고, 술 때문에 가산을 탕진하고 몸을 버린 사람들이 오죽이나 많은가. 그런가하면 또 술로 해서 가연을 맺었다는 아름다운 이야기가 전해지기도 하고, 이루기 어려운 일을 술이라는 매개수단을 이용해서 성사시켰다는 말을 들은 적도 있다. 그러고 보면 술이란 마시는 사람에 달렸지 꼭 나쁘기만 한 것은 아니라는 생각이 든다.

이야기를 하자면 한이 없을 남의 술 이야기는 그만두고 우선 나의 술에 얽힌 이야기를 좀 해야겠다. 솔직히 말하자면 나는 진작 술을 끊어야 했다. 열 살 무렵 집에서 내린 소주를 어른들 몰래 훔쳐 마시고 속이 울렁거리고 숨이 막혀 죽을 것만 같아 뒷동산 소나무 밑에 가서 뒹굴고 토하고 했던 일이 있었다. 그때 죽지 않고 살아난 걸 다행으로 여기고 술을 마시지 않아야 했다. 그런데도 아직까지 술을 끊기는 고사하고 끊겠다고 말이라도 해본 적이 없다. 40년을 피웠던 담배는 딱 한 번으로 독하고 모질게 내쳤으면서도 술에 대하여는 왜 그리 끈끈한 정을 버리지 못 하는지 그 이유를 모르겠다. 술 때문에 죽을 뻔한 게 어렸을 때뿐만이 아니다. 군에 있을 때는 아예 죽었다가 다시 살아났다.

군 생활 30개월을 마치고 제대명령을 받은 것이 추석을 이틀 앞둔 때였다. 군대라고는 하지만 추석이 되니 다들 마음이 들뜨고 즐거운 판인데 제대명령까지 받았으니 그 기분 오죽 할 것인가.

부대 밖에도 무상출입이었다. 더구나 그때 나는 헌병으로 제대명령이 내려와 있는 몸이니 부대 밖에 나가서 기분을 낸들 누구 하나 시비할 사람이 없었다.

추석날 아침, 마음 맞는 친구 두 명과 함께 취사장에 가서 식사도 하지 않고 추석 부식으로 나온 생닭 두 마리를 가지고 부대 밖으로 나갔다. 평소에 잘 다니던 술집으로 들어가 닭을 삶아 놓고 셋이서 술을 마시기 시작했다. 소주와 막걸리를 섞어가며 얼마나 마셨는지 알 수가 없고 내가 다시 의식이 돌아와 눈을 뜬 것은 춘천의 육군병원에서였다.

"하 병장! 하 병장! " 하고 부르는 소리가 어렴풋이 들렸다. 눈을 뜨고 보니 간호장교가 나를 부르고 있었다. 나의 팔에는 링거바늘이 꽂혀 있고 주위에는 줄지어 놓여 있는 침대마다 환자들이 죽 누워 있었다. 병원에 들어온 지 3일째라는 것이다. 머리가 깨지는 것처럼 아프고 목에 뭘 넘기기만 하면 다시 넘어 와버려 아무 것도 먹을 수가 없었다.

지주막하출혈이라고 했다. 보통은 뇌출혈이라고 부르는데 뇌동맥이 파열되어 죽지 않으면 실어증으로 말을 하지 못하거나 실행증(전에 습득한 행위를 할 수 없는 증상)이 올 수 있는 등 위험한 증상이라는 것이다.

나중에 들은 이야기는 이러했다. 술집에서 나와 걸어가는데 마주 오던 다른 부대 하사관에게 내가 시비를 걸더라는 것. 그러자 그 하사관이 나를 힘껏 떠밀었고 나는 무방비 상태에서 마치 나무토막이 쓰러지듯 뒤로 벌렁 넘어져 토하면서 인사불성이 되었다고 한다. 땅에 머리를 부딪쳐 아예 죽었다고 부대 안팎에 소문이 나고 헌병 참모에게 보고가 되어 사단에 단 한 대뿐인 L-19 정찰기를 이용해 춘천 육군병원으로 후송이 되었다는 것이다. 그것도 헌병 참모가 서둘러서 비행기를 이용할 수 있었다고 한다.

입원한 지 한 달 만에 퇴원을 했다. 담당 군의관은 더 있어야 된다고 했지만 어서 집에 가고 싶은 마음에 아픈 것도 안 아프다고 우겨서 퇴원을 한 것이다. 본대에 돌아오니 죽었던 하 병장이 살아왔다고 모두 모여들어 한바탕 시끌벅적했다. 예비사단에 가서 신고해야 할 시일이 지나버려 다시 공문을 보냈다고 했다. 부랴부랴 필요한 서류들을 준비해가지고 광주에 있는 예비사단으로 갔다. 머리는 계속 아프고 몸은 무거웠지만 그래도 마음은 홀가분하고 즐거웠다.

예비사단에 도착해보니 또 엉뚱한 일이 기다리고 있었다. 제대자 신고일이 되어도 사람이 오지를 않아 탈영병으로 처리되어 있다는 것이다. 본대에서 나중에 보냈다는 공문을 받지 못한 것이었다. 순간 맥이 탁 풀렸다. 다행히 거기서 근무하는 고교 동문 선배 한 사람을 만나 탈영병으로 붙들리지는 않고 필요한 서류를 하러 다시 강원도 산골 본대에까지 가야 했다.

그 때 죽지 않고 살아난 것은 참으로 명이 긴 덕분이었다. 술 한번 잘못 마시는 바람에 제대일자가 한참이나 늦어지고 그 후유증으로 수십 년이 지난 지금도 머리가 자주 아프다. 그러면서도 아직까지 술을 내치지 못 하고 연연하는 것은 아무래도 타고난 운명이 아닌가 싶다.

나의 성姓 하河자에 물이 들어 있고 이름의 병炳자는 병甁자와 음이 같고 주珠자는 주酒자와 음이 같으니 어찌 술병과 서로 떨어져서 살 수 있으랴.

꽃 세상

정릉 숲길을 걸었다. 집에서 나와 5분도 채 안 걸리는 거리에 산책하기 좋은 숲길이 있다는 건 서울에 사는 사람으로서는 신나는 일이다. 숲은 아직 짙게 우거지지 않았고 늦봄을 장식하는 꽃들이 한창이다. 위를 봐도, 발밑을 봐도, 옆으로 고개를 돌려도 온통 꽃이다. 바람이 불면 늦게 핀 산벚꽃나무에서 연분홍 꽃잎이 어지러이 날리고 때죽나무에는 마치 강냉이 튀밥 같은 하얀 꽃이 조랑조랑 매달렸다.

길섶 풀밭에서는 작은 별꽃들이 반짝거리고 무더기로 피어있는 산철쭉은 숲속이 빨갛게 불타는 것 같다.

꽃의 본색은 산이나 들에서 자생하는 순수한 야생화에서

찾아야 한다. 규격에 맞추어 변종시켜 놓은 화원의 원예종은 조화 같고 향기도 덜하다.

꽃은 높은 가지에서나 낮은 가지에서나 같은 빛깔 같은 향기로 핀다. 낮은 곳에 있어도 기죽지 않고 높은 곳에 있다고 오만스럽지도 않다. 그저 묵묵히 자기의 빛깔과 향기를 낼 뿐이다.

박새와 곤줄박이 녀석들은 찔레 덩굴 속을 오가며 지저귀고 어치와 물까치는 벚나무와 소나무 사이를 휘젓고 다닌다. 꽃들의 세상이요 새들의 낙원이다.

숲을 찾는 사람들이 많이 들어와 있다. 손잡고 도란거리며 걷는 노부부, 어린 아이에게 꽃 이름을 알려주는 젊은 엄마, 마냥 즐거운 표정으로 정담을 속삭이는 연인들…. 다들 꽃을 보면서 즐거운 모습이다. 그들의 얼굴에 하나같이 웃음꽃이 피어 있다. 진홍색으로 활활 불타는 산철쭉 앞에서는 모두들 발길을 옮기지 못한다. 꽃을 보다가 옆 사람의 얼굴을 돌아보고 미소짓는다. 처음 만나는 사람들끼리 서먹한 기색도 없다. 그 표정은 마치 "꽃이 참 아름답네요. 그렇지요? " 하고 동의를 구하는 것 같다. 이 순간 만큼은 누구의 마음속에나 세속의 번뇌도 갈등도 없이 오직 아름다움을 느끼고 즐거워하는 순수한 일념뿐이리라.

저쪽에서 한 아가씨가 걸어오고 있다. 유난히 큰 키에 얼굴이 희고 예뻐서 눈에 확 띈다. 입은 옷도 위아래가 모두 눈부시게 흰 색이다. 철쭉꽃 가까이 가면 금방이라도 새빨간 꽃물이 그녀의 옷으로 번질 것만 같다. 스물댓 살 쯤 되었을까? 살짝 노란 빛깔로 윤기가 도는 머릿결은 어깨에 닿을 듯 찰랑거린다. 오른쪽 어깨에 걸린 조그만 검정 가방끈을 손으로 가볍게 잡고 여유롭게 걸어오면서 살짝 미소를 짓는 모습이 참으로 아름답다. 점점 가까이 오자 주위가 더욱 환해지고 공기의 흐름이 바뀌는 것 같은 기분이 든다.

그녀역시 한 떨기 꽃이다. 기품 있고 고고한 백합꽃이다.

나는 그녀에게서 시선을 떼지 못한 채 나도 모르는 사이에 감탄사를 발하고 말았다.

"아, 참 예쁘다! "

그러자 옆에서 내 말에 응답하는 말소리가 들렸다.

"예쁘지요? 그런데 이게 철쭉인가요, 영산홍인가요? "

말하는 여자를 보고는 실소를 금할 수가 없었다. 그 여자는 철쭉꽃을 보면서 내 말에 응수하고 있었던 것이다.

꽃을 보는 느낌도 나이 들어가면서 차츰 변해간다. 2,30

대에는 아름다운 꽃을 보면 생기 팔팔한 마음으로, 나도 한창 피어나는 꽃과 같은 생생함으로 탄성을 지르고 환호작약歡呼雀躍했었다. 하지만 지금은 아름답다는 느낌 외에 가슴 저 밑바닥에서 묵직하게 전해오는 우수憂愁와도 같은 울림을 떨쳐버릴 수가 없다. 이것은 어디에서 오는 감정의 차이일까. 작년에 보았던 철쭉과 금년에 보는 철쭉에 대한 느낌이 왜 다른가.

갑자기 주위가 시끄러워지더니 어린 아이들 한 무리가 몰려온다. 또 어느 어린이집에서 정릉으로 소풍을 나온 모양이다. 20여 명이 넘는 아이들이 와글와글 떠들어대면서 오고 있다. 서울의 어린이들이 자연과 쉽게 접할 수 있다는 것 또한 복 받은 일이다. 그들의 옷과 모자 신발의 색깔이 가지각색으로 곱다. 마치 여러 가지 꽃을 보는 것 같다.

그렇다. 너희들이 세상에서 가장 아름다운 꽃이다. 앞으로 너희들이 지금보다 살기 좋은 꽃세상을 만들어갈 것이다.

합격

친하게 지내는 지인으로부터 전화가 왔다. 한 턱 낼 테니 돌아오는 일요일에 만나자고 했다. 외손자가 과학고등학교 입학시험에 합격해서 아는 사람들 10여 명을 초청, 한 잔 거하게 사겠다는 것이다. 기쁨을 주체할 수 없는 양 목소리가 한껏 들떠 있었다.

좋은 일이었다. 사람이 살아가면서 더러는 남에게 자랑도 하고 자축하는 술도 사고, 그래야 사는 맛이 나지 않으랴. 더구나 나이 팔순이 넘은 분이 그만한 체력과 경제적 뒷받침이 있으니 얼마나 다행한 일인가. 내가 알기로는 그가 젊은 시절에 지독한 가난으로 모진 고생 다 하면서 열심히 살아 오늘의 편안한 생활을 영위하고 있으니 더욱 그렇다. 축하한다는 말과 함께 꼭 가겠다고 약속했다.

합격이라는 말을 듣는 순간 갑자기 아련한 향수가 일었다. 나도 그 기쁨을 누리던 때가 있었다. 일생을 살면서 몇 번씩 크던 작던 합격의 즐거움을 경험한 사람들이 많을 것이다. 나에게 최초로 그 기쁨을 안겨준 것은 중학교 입학시험 합격이었다.

내가 다녔던 시골 초등학교는 전교생이 900여 명에 6학년은 두 개 반 이었고 우리 반은 48명이 졸업했는데 중학교에 진학한 학생이 나를 포함해서 7명뿐이었다. 당시 농촌에서는 중학교에 진학한다는 것이 집안의 대사건이었다.

합격하기도 어렵고, 실력이 있다 해도 형편이 어려워 진학을 포기하는 경우가 많았다. 입학금을 내려면 논이나 소를 팔아야 했다. 그래서 학부모들 사이에서는 “합격하면 좋고, 못하면 더 좋고”라는 말이 유행되던 때였다. 나는 고향에서 멀리 떨어진 광주시에서 전기前期 모집인 광주 서 중학교에 원서를 냈다. 그때까지 기차 한 번 타본 적이 없는 촌뜨기로서는 어느 학교가 좋은지 알 턱이 없었고 그저 남들이 좋은 학교라고 하니까 지원했을 뿐이다. 그런데 합격이 되었던 것이다.

나중에야 알게 된 사실이지만 서 중학교는 전국에서도 알아주는 명문으로 그 학교에 합격했다는 것은 엄청난 일이라고 했다.

많은 사람들로부터 축하의 박수를 받았고 거리에 나가면 어깨에 힘을 바짝 주고 다녔다. 지금 아이들에게는 무슨 말인지 알 수 없는, 옛날의 전설 같은 이야기다. 그때 나의 수험번호는 1,890번이었다.

또 한 번은 참 시답잖은 합격으로 고향 사람들에게 화제의 대상이 된 적이 있었다. 대학 1학년 때였다. 그때는 고등고시(사법시험)를 보려면 대학 3학년을 이수하거나 소정의 자격시험에 합격해야 응시할 수 있었다. 5 · 16 직후에 '사법 및 행정요원 예비시험'이라는 것이 처음 실시되었는데 그게 고등고시에 응시할 수 있는 자격시험이었다. 나는 빨리 고등고시를 보려고 그 시험 제1회에 응시해서 합격을 했고 내각사무처(후에 총무처)로부터 길이가 두어 자나 되는 큰 봉투에 합격증서가 고향 집으로 배달되었다. 그 사실이 와전되어 고등고시에 합격했다는 소문이 좍 퍼졌다. 만나는 사람마다 축하의 인사를 하고 떠받드는 바람에 해명

하느라고 한동안 애를 먹었다. 아무튼 그 일로 집안에서는 곧 판·검사가 될 것이라는 확신에 가까운 기대를 가지고 나를 우대했다.

그때 입영 통지서가 나오지 않았다면 고시에 합격해서 판·검사가 되었을까?

사람들은 누구나 일생 동안 끊임없이 합격, 불합격의 시험대 위에서 살아가고 있는 게 아닌가 싶다. 가정에서는 남편으로서, 아내로서 눈에 보이지 않은 점수가 매겨져 몇 점짜리 남편, 몇 점짜리 아내로 은연중에 평가되고 그에 상응하는 대우를 받고 살아간다. 직장에서는 더욱 냉혹하다. 아예 점수와 순위까지 매겨 인사관리를 하고 만약에 합격점에 들지 못하면 결국 도태되고 만다.

우리 사회가 평화롭고 살기 좋은 세상이 되려면 모두가 합격점 내에 드는 사람들로 들어차야 할 것이다. 그러나 현실은 낙제생들이 너무 많다. 공직자, 상인, 청소년 등 사회 각계각층 모두가 합격점 내에 드는 사람들로 가득 찬 사회가 되기를 바라는 것은 한갓 꿈일는지도 모르겠다.

수필 읽는 재미

수필은 대개 필자 자신의 체험을 위주로 해서 쓴 글이다.

그래서 수필을 흔히 신변잡기라는 말로 폄하하기도 하지만 수필에는 진실이 담겨 있다. 더러는 필자의 체험이 바로 나의 체험과 일치하기도 한다. 즐거웠던 일이든, 슬프고 힘들었던 일이든 내가 겪었던 그 일을 그 사람도 겪었구나, 그도 나와 같은 생각을 했고 나와 같이 결론을 냈구나 하는 걸 발견했을 때는 더욱 공감이 가고 친근감이 느껴진다. 그 작가를 한 번 만나보고 싶어지기도 한다.

뿐만 아니라 원래부터 알고 지내는 사람의 수필을 읽을 때는 아, 이 사람에게 이런 면도 있었던가, 하는 새로운 사실을 발견할 때도 있다.

수필은 고백의 문학이라는 말이 있듯이 어떤 사람의 수필 몇 편만 읽어보면 그 사람이 살아온 인생 또는 가치관이나 정서를 대충 파악할 수 있다. 분량이 많아도 소설은 치밀하게 계획된 허구일 뿐이다. 그러나 수필은 짧은 글 속에 쓴 사람의 진실이 담겨 있어 더 정겹고 재미있고 감동이 오래도록 남는다.

수필은 읽기에 만만해서 좋다. 아무리 재미있다고 해도 한 권 또는 몇 권으로 되어 있는 소설을 읽는 데는 부담을 느낀다. 논설문이나 전문서적은 더 말할 것도 없다. 그러나 수필은 가벼운 마음으로, 잠깐 뒤뜰을 거닐 듯, 커피 한 잔을 마시는 동안 한 편의 수필을 다 읽을 수 있다. 그렇지만 글이 짧다고 해서 그 안에 들어 있는 의미가 보잘 것 없는 것은 아니다. 수필가는 대개 나이 지긋한 분들이다. 따라서 살아온 연륜 만큼이나 글도 깊이가 있고 구수하고 정겹다.

절제된 언어와 간결한 문장으로 형상화된 좋은 수필은 읽는 사람을 감동시켜 마음을 즐겁게도 하고 숙연하게도 한다.

독서가 다 그렇다시피 수필을 읽으면서 몰랐던 고운 우

리말들을 알아가는 것도 수필 읽는 재미에서 빼놓을 수 없다.

"…이팝나무 우듬지에는 불그무레한 기운이 우련하다[1].…귀밑으로 흘러내린 몇 올 살쩍[2], 검은 상복에 떼꾼한[3] 눈…장례식장 안은 뜻밖에 가분하고[4]…잉잉대며 밀려오는 저문문한[5] 울림…"-정태헌의 수필 〈여여(如如)하니〉에서-

위에 예시한 문장의 토막들은 정태헌 작가가 문상 가서 느낀 사실을 써서 어느 잡지에 게재한 수필의 일부분이다.

원고지 7장 쯤 되는, 짧으면서도 좋은 글이다. 그러나 별도로 주석을 붙인 단어 5개는 내가 알지 못하는 것들이어서 사전을 찾아보고야 그 뜻을 알 수 있었다. 나는 수필을 읽을 때 모르는 단어가 나오면 밑줄을 긋고 사전을 찾아서 비망록에 적어둔다. 글을 읽다가, 그것도 짧은 수필을 읽다가 사전을 뒤적인다는 건 귀찮은 일이다. 뿐만 아니라 사전을 찾아봐야 그 뜻을 알 수 있는 말들이 많은 글이 반드시 좋은 수필이라고 생각지도 않는다. 정상적인 교육을 받

1) 형태가 보일 듯 말듯 희미하다
2) 관자놀이와 귀 사이에 난 머리털
3)몹시 지쳐서 눈이 쑥 들어가고 생기가 없다.
4)들기 좋을 만큼 가볍다 = 가뿐하다.
5)부두럽고 무르다 = 만만하다.

은 사람이면 누구나 그냥 알 수 있는 말을 쓰는 것이 좋을 것이다. 다만, 글을 쓰는 작가라면 마땅히 잊혀져가는 아름다운 우리말의 보존 · 전파에도 관심을 가질 필요가 있다고 본다. 위에서 예로 든 글은 아주 짧지만 내가 모르던 말 5개를 배울 수 있어 수필 읽는 재미를 더해 주었다.

현재를 수필 전성시대라고 말하기도 한다. 그 말을 증명이라도 하듯 수필잡지가 많다. 확실한 통계는 모르지만 월간, 격월간, 계간 등 거의 30종에 가깝지 않을까 싶다. 내 책장은 지금 포화상태다. 정기구독하는 건 서너 가지에 불과하지만 수시로 보내오는 개인 수필집까지 가세하여 책이 날로 쌓여간다. 전국에 산재한 수필가는 또 얼마나 많은가.

수필잡지를 통하여 등단한 수필가의 수가 1년에 백 명도 넘을 것이다. 하지만 수필잡지가 많고 수필가라는 직함을 가진 사람들이 넘쳐난다고 해서 반드시 수필문학 발전에 긍정적이라고 할 수 있을지는 의문이다. 이 부분에 대해서 이 글에서는 더 이상 논하지 않는 것이 좋겠다.

내 방 앉은뱅이책상 곁에는 언제나 수필잡지와 개인 수필집 몇 권이 놓여 있다. 그래서 아무 때나 펼쳐서 읽는다.

말하자면 수필 속에 묻혀 지낸다고 해도 과언이 아니다.

날마다 수필 읽는 재미에 젖어서 산다.

저승과 이승의 차이

아파트 곁에 있는 묘는 마치 먹자골목에 자리한 이발소 만큼이나 어울리지 않고 생뚱맞다. 하지만 원래 묘가 있던 구릉에 아파트가 밀고 들어왔으니 묘를 탓할 일은 아니다.

처음 이곳에 이사왔을 때 나는 창밖으로 보이는 묘가 썩 마음에 들었다. 묘지 안에 빨간 엉겅퀴와 노란 원추리가 피어 있고 그 위로 고추잠자리가 어지럽게 날아다녔다. 꼭 고향에 돌아온 기분이었다. 그러나 아내는 무섭다고 했다. 달빛 어스름한 밤에 거기를 내다보면 으스스한 느낌이 든다는 것이다.

비록 오래된 고묘이긴 하지만 그 안에 묻혀 있는 주인이 살았을 때 대단한 재력과 권력을 가졌던 사람이었음을 짐작케 한다. 족히 300평도 넘어 보이는 땅을 차지하고 있다. 봉분이 우람하고 좌우로 세워진 비석이며 묘 앞에 놓인 상석이 보통의 묘에서는 볼 수 없는 거창한 것들이다. 주택으로 말하면 호화주택이다. 그래서 위화감과 거리감 비슷한 감정을 느끼면서도 한편 부럽기도 하다. 명당 찾아서 첩첩산중까지 들어가 가파른 곳에 모셔 놓은 우리 조부님 산소 생각이 나서다. 내가 어렸던 시절, 명당 찾는다고 집에서 지관이 살다시피 했다. 좋은 반찬은 지관 상으로 다 올라가고 우리 아버지는 그를 상전 모시듯 했다. 요즘에는 그런 일들이 모두 부질없는 짓으로 취급되어 선영을 위하고 부모에게 효도하던 시절이 마치 옛 이야기인양 아득하다.

고묘에 어떤 사람이 누워 있는지 늘 궁금하다. 가서 비문을 읽어보고 싶어도 빙 둘러 철조망이 처져 있어 들어갈 수가 없다. 근방에 다른 묘는 없고 다만 그 한 기 뿐이다. 이웃에 있던 다른 묘들은 아파트가 들어서면서 모두 이장해 가고 한 기만 남아 외톨이가 되었을 것이다. 묘가 깨끗한 걸 보면 누군가 벌초는 하는 것 같은데 성묘하는 사람은 본 적이 없다. 그 정도의 묘라면 설이나 추석에 번쩍거리는 자가용이 모여들고 성묘하는 자손들이 많을 법도 하련만 몇 년이 지나도 그런 기색이 없다. 이제는 쇠락해버린 집안일까? 아니면 대행업체를 시켜서 벌초만 하고 자손은 와 보지도 않는 것일까? 하기야 살아 있는 부모에게도 소홀한 세상에 해묵은 선영을 얼마나 챙기랴. 고묘 주인이 무척이나 적적하고 외롭게 생각된다. 살아 있을 때는 문전성시를 이루었는데 하루 종일 있어도 누구 하나 찾아오지 않는다고 한탄할 것만 같다. 동네 근처에 있는 묘는 잔디가 다 뭉개지도록 아이들이 모여 놀아야 제격인데 전혀 그런 게 없으니 쓸쓸하다. 철조망으로 막아 놓아 더욱 그렇다. 철조망이 아니더라도 어린이집으로, 학원으로 가고 밖에서 놀 틈이 없는 것이 요즘 아이들이다.

애초에는 명당자리 잡아 묘를 썼겠지만 근방에 있는 야산 다 깎아내고 아파트며 공장 등 건물을 즐비하게 지어 놓으니 좌청룡 우백호도 가늠할 수 없이 되었다. 주위에 숲도 없고 소나무와 백양나무가 한 그루씩 서 있을 뿐이다.

적막하기만 하던 고묘에 이웃이 생겼다. 두어 달 전부터 백양나무에 까치 한 쌍이 찾아와 집을 짓기 시작한 것이다.

막대기를 물어와 엮으려다 떨어뜨리면 다시 물어 올리고

또 떨어뜨리고…. 그러기를 수도 없이 되풀이한다. 많이 힘들어 보인다. 사람도 집 한 채 장만하기 힘이 드는데 연약한 미물이야 오죽할까. 더러는 집짓기를 중지하고 봉분 위에 내려앉아 쉴 때가 많다. 나란히 앉아 있는 모습이 참 정겹다. 두 마리가 몸의 크기와 색깔이 다 같으니 어느 게 수놈이고 암놈인지 구별이 안 된다. 그들이 과연 암수 한 쌍이 맞기는 할까? 아마 그렇겠지.

까치가 집을 지으면서부터 철조망 안에 살아 움직이는 모습이 보이고 제법 생기가 넘친다. 고묘 주인도 반가워 할 것이다.

두어 달 동안 애쓴 결과 이제는 집이 거의 완성되어 간다. 얼마 안 있어 그들이 행복한 입주를 할 것이다.

고묘는 아무리 웅장하게 꾸며 놓았어도 거기에는 영원한 침묵이 있을 뿐 살아 있는 숨결이 없다. 그렇지만 한 아름도 안 되는 까치집 안에는 삶이 있고 희망이 있다. 머지않아 까치 부부의 새집에서 새로운 생명 탄생의 소리가 울려 퍼질 것이다.

그게 바로 저승과 이승의 차이가 아닌가 싶다.

4부 고라니 좋은 일만 했다

정릉에 내린 가을

정릉貞陵 숲에 가을이 곱다. 빨강 노랑 갈색 등 가지가지 빛깔로 물들었다. 단풍나무와 벚나무의 새빨간 색깔로 해서 파란 하늘이 더욱 파랗게 보이고 그 하늘에 빨간 색칠이라도 할 것만 같다.

눈이 부시다. 보는 사람들마다 탄성을 발한다. 파랗던 잎이 낙엽이 지기 전에 어쩌면 저리도 아름다울 수 있을까?

그 모습을 무심히 보고 있자니 하도 아름다워 울컥 눈물이 나려고 한다.

정자각丁字閣 앞 공터, 키 큰 도토리나무들 밑에 일찍 떨어진 낙엽이 수북하게 쌓여 있다. 낙엽 위에서 어린이들이 놀이에 한창이다. 인근 어린이집에서 나온 아이들이다. 십여 명 혹은 이십여 명씩 무리지어 여기저기서 신나게 뛰어논다. 그들의 옷 역시 단풍잎 만큼이나 곱고 색깔도 가지가지다. 땅에 수북한 낙엽을 한 움큼 집어 하늘을 향해 흩뿌린다. 바람이 휙 분다. 낙엽이 사방으로 흩어지며 머리에, 어깨에 달라붙기도 한다. 저마다 깔깔대고 웃다가 아예 낙엽 위에 벌렁 드러누워 뒹구는 녀석도 있다. 또 한 쪽에서는 낙엽을 방석 삼아 모여 앉은 아이들이 선생님과 함께 동요를 부른다. 가만히 들어보니 노래의 음정도 박자도 모두 제멋대로다.

꼬맹이들의 재잘거리는 소리, 웃고 떠들고 노래하는 소리로 정릉 안이 온통 생기로 넘친다. 그 모습을 보는 마음도 함께 즐겁다.

정릉 숲속은 평소 어린이집에서 데리고 나온 아이들의 놀이터다. 서울에서 자라는 아이들이 싱그러운 숲 속에서 꽃과 나무와 고운 단풍과 함께 흙 냄새를 맡으며 맘껏 뛰어놀 수 있다는 건 축복받은 일이다. 그들의 정서가 아름답고 여유롭게 자라갈 것이 틀림없다.

저쪽 높은 곳에서 신덕왕후神德王后의 능陵이 재미있게 노는 아이들을 굽어보고 있다. 혼령이 만약 있다면 저 뛰어노는 아이들을 보면서 방원(조선조 3대 태종)에게 참살慘殺 당한 자신의 두 아들을 생각하고 가슴이 미어질 것이다.

평범한 가정의 아낙으로 살았더라면 집안이 피비린내 나는 비극을 당하지 않았을 것을. 일국의 첫 번째 국모가 되어 영화가 극에 달했던 몸이 죽은 후에까지도 편히 쉬지 못하고 수난을 겪은 걸 생각하면 마음이 짠하다. 그나마 생전에 그 참극을 보지 않고 별세해서 다행이랄까.

이성계 태조의 첫 번째 부인 신의왕후 한씨神懿王后 韓氏에게서 아들이 여섯이나 있었지만 태조가 등극하기 1년 전에 한씨가 별세하여 정식 왕후가 되지 못했다. 대신 계비繼妃인 신덕왕후 강씨神德王后 康氏가 조선조의 첫 번째 국모가 되었고 그의 둘째 아들 방석芳碩이 세자로 책봉되었다. 8왕자 중 맨 마지막 왕자가 세자가 된 것이다. 지금 이곳 정릉이 바로 신덕왕후 강씨의 능이다.

첫 번째 부인 한씨 아들들의 입장에서 보면 눈이 뒤집히고 치가 떨렸을 것이다. 정처인 자기 어머니는 왕후도 못 되었고 후처가 왕후로 책봉되어 세자의 자리까지 빼앗아갔으니 오죽했으랴. 더구나 태조의 다섯째 아들 방원芳遠은 포부가 크고 야심찬 인물로 조선 건국에 공로가 컸던 인물이다. 태조는 이를 무시하고 강씨가 낳은 아들을 세자로 지명했다. 이방원의 '왕자의 난'은 이때 이미 예고되었던 것이다. 이로 인하여 왕자들과 공신들이 희생되는 참극이 벌어졌다.

태조가 나이 들어 판단력이 흐려졌던 탓일까? 나와 같은 범부의 눈에도 결과가 훤히 보이는데 불세출의 영웅 눈에는 왜 보이지 않았을까. 아무리 생각해도 알 수 없어 아쉬울 뿐이다.

당시의 객관적인 여건으로 볼 때 신덕왕후는 자기의 아들을 세자로 세우는 걸 기어코 막았어야 했다. 그랬으면 아들도 희생되지 않았을 것이며 자기 자신도 사후에 지위가 격하되어 유택이 변두리로 쫓겨나고 석물이 유실되는 등 수모를 안 당했을 것이 아닌가. 하기야 결과를 가지고 당시의 일을 비판하는 나야말로 우매하기 짝이 없다. 사실 여부는 알 수 없으나 야사에는 태조가 중신들의 주장에 따라 신의왕후 한씨 소생인 장남 방우芳雨를 세자로 봉하려 하자 신덕왕후 강씨가 대성통곡을 하여 태조의 마음을 바꾸게 했다는 일화가 있기는 하다.

정릉을 찾는 사람들이야 600여 년 전의 참극을 짐작이나 할 수 있으랴. 또 안다고 한들 무엇하랴. 그저 숲 그늘에서 편안히 쉬고 곱게 물든 단풍을 즐길 뿐이다. 어찌 되었든 서울 시내에 10만 평이 넘는 숲 가까이에 산다는 건 좋은 일이 아닐 수 없다. 어린 아이들이 자연 속에서 마음껏 뛰어놀 수 있는 공간이다. 이것도 신덕왕후의 덕이라는 생각이 든다.

신덕왕후의 비극은 세월따라 잊어가고 저 아이들이 올곧게 자라서 다음 세대의 믿음직한 주인이 되리라.

왁자지껄 요란하던 아이들이 몰려나가고 노인들 대여섯 명이 또 들어오고 있다.

따뜻한 거리

토요일-.

가을 날씨가 약간 찬 기운이 돌긴 해도 햇빛이 눈부시고 할 일도 없어 어딘가 가고 싶었다. 문득 전에 살던 곳이 생각났다. 거리에 나가도 여기 서울처럼 복잡하지 않고 한가한 곳, 사람들도 인정 많고 따뜻한 맛을 느낄 수 있는 그 동네가 그리웠다. 불과 10여 년 정도 살았을 뿐이지만 정이 흠뻑 들어 무척이나 아쉬움을 남기고 떠난 곳이다. 고향은 아니지만 고향 같은 향수를 느끼는 그곳엘 가보기로 했다.

버스에서 내리자 낯익은 거리가 눈에 확 들어왔다. 길 양쪽으로 벚나무가 주욱 늘어선 거리, 전에 거기 살 때 참 많이도 지나다니던 곳이다. 길가에 앉아 물건을 파는 여자들 조차도 알은 체하고 지냈다. 벚꽃이 피는 봄철에는 아파트 정문을 나서면 좌우 300여 미터가 벚꽃 터널이 되던 곳, 지금은 빨갛게 물든 벚나무 잎이 하나 둘 시나브로 떨어져 내리고 있었다.

풀쐐기 아줌마가 예나 다름없이 길가 벚나무 밑동에 기대고 앉아 있다. 대파, 고구마 순, 토란대, 호박 등, 놓고 있는 물건들 역시 전과 같다. 밤송이 같은 머리털이며 펑퍼짐한 검정 몸뻬에 색이 바래고 때에 절어 희끄무레한 스웨터를 걸친 입성도 여전하다.

"풀쐐기 아줌마, 많이 팔았소? "

"하이고마야, 우째 이리 오랜만잉교? "

거기서 살 때 오가며 늘 보았던 아낙네, 60대 중반쯤 되었을까? 모두 합해봐야 10만 원어치도 채 안 되는 물건들을 늘어 놓고 추우나 더우나 자리를 비우는 일이 없었다.

호박 한 개만 산다고 하면 "두 개 가져가! "하고 톡톡 쏘듯이 말해서 내가 풀쐐기 아줌마라고 별명을 지어 놓았다.

남편이 허구한 날 아프기만 하고 돈도 못 번다고 볼 때마다 울상이다. 문디 영감탱이 어서 죽었으면 좋겠다고 해 놓고는 곧 이어서 물건을 다 팔아야 우리 영감 약값을 댄다고 딴 소리를 하곤 했다. 안됐다 싶어 애호박이며 대파 등을 더러 팔아주면서 얼굴은 잘 익힌 사이지만 내가 서울로 이사 한 사실은 모른다.

저쪽에 전화기를 들여다보고 서 있는 여인도 그대로다.

40대 초반으로 보이는 여인, 만날 때마다 고등학교 2학년인 아들의 성적이 전교 1등이라는 자랑을 못 해서 안달인 그녀는 항시 서서 장사를 한다. 콩나물, 두부, 청국장 등 찬거리를 언제나처럼 늘어 놓고 있다. 전화기를 들여다보거나 물건을 정리하다가도 사람이 지나가는 기척만 있으면 쳐다보지도 않고 무조건 "안녕하세요? " 한다. 그래서 그 여인에게는 자동응답기라는 별명을 붙였다.

"자동응답기! 안녕하세요? "

비로소 고개를 들고 나를 보더니 반색을 했다.

"워메! 어쩌끄나, 어째 그리 오랜만에 나오셨대요? 어디 아팠어요? "

그녀 역시 내가 이사한 걸 모르고 있다. 전 같으면 두부와 청국장을 좀 팔아주겠지만 이제는 서울까지 들고 오기가 어렵다.

거리는 아무 것도 변한 것이 없었다. 드문드문 지나가는 승용차, 승합차와 트럭들도 별로 속력을 내지 않고 사람들의 발걸음도 한가했다. 길 건너 '대중 이발관' 앞에 빨갛고 파란 색깔의 길쭉한 표시등이 천천히 돌고 있었다. 동네에 하나밖에 없는 약국에 흰 가운의 낯익은 여자 약사가 무료하게 밖을 내다보고 섰다가 내가 들어가자 반갑게 인사하며 따뜻한 쌍화탕 한 병을 마개를 따서 내밀었다.

내가 거기에 살 때나 지금이나 아무 것도 변하지 않았다.

내가 떠나고 없어도 변함없이 잘 돌아가고 있다 생각하니 조금은 서운한 생각이 들었다.

아파트 경비원을 만나 한참동안 얘기를 나눴다. 그는 무인경비 시스템이 들어오면 일자리가 없어진다고 걱정이 태산이었다. 안으로 들어가서 전에 살았던 동(棟)을 한번 돌아보고 싶었지만 그만두었다.

이러구러 시간을 보내다보니 가을 짧은 해가 서쪽 산으로 많이 기울어 있었다. 돌아가려고 발길을 돌리는데 미장원 '빗과 머릿결' 앞에 할머니들 대여섯이 모여 앉아 무슨 얘기를 하는지 시끌벅적했다. 가까이 가보니 영암 댁 할머니가 도라지를 팔고 있는 중이었다. 약수터에 다니면서 인사 정도는 하고 지냈던 할머니들이 도라지 껍질 벗기는 걸 거들어주면서 얘기꽃을 피우고 있었다. 모두 수십 년도 넘은 사연들, 앞집 총각에게서 연애편지를 받은 걸 아버지에게 들켜 죽게 얻어맞았다거나 누구는 밤에 가설극장에 영화보러 갔다오는 길에 동네 총각에게 산으로 끌려가 어쨌다는 둥 주로 처녀 적에 겪었던 일들이었다. 그중에서 가장 나이 많은, 올해 아흔 살이라는 본동 댁 할머니가 느닷없이 한마디 했다.

"나도 잠은 같이 안 잤지만 연애는 걸어봤어."

모두들 눈물이 나도록 웃어댔다. 영암 댁 할머니도 도라지는 팔리지도 않는데 웃기만 하고 있었다.

돌아오는 길, 마음이 흐뭇하고 편안했다. 가을날 해거름의 날씨는 쌀쌀하지만 춥지 않았다. 정겹고 따뜻한 거리였다.

고라니 좋은 일만 했다

산비탈 척박한 땅을 파서 일군 밭떼기에 무와 배추를 심고 열심히 가꾸었다. 특히 무청이 섬유질과 미네랄이 많아 몸에 좋다는 보도를 TV에서 본 아내가 더욱 열성이었다.

무청은 엮어서 말리고 뿌리는 동치미를 담글 계획이었다. 눈 내리는 겨울밤, 뜨거운 고구마에 곁들여 새콤하고 시원한 동치미국물을 훌훌 들이켰던 옛날의 추억에 젖기도 했다. 씨앗을 뿌리기 전에 땅을 파고 밑거름으로 퇴비를 넉넉하게 주었다. 땅을 파는데 아내와 둘이서 며칠 동안 손이 부르트도록 고생을 했다. 돌이 흙보다 많을 정도로 거친 땅이었다. 내가 곡괭이와 삽으로 파면 아내는 뒤에서 호미로 돌을 골라내느라 이른 봄 쌀쌀한 날씨인데도 옷이 후줄근하게 젖곤 했다. 대략 50평 쯤 되니 무와 배추를 심어 잘 가꾸기만 하면 자식들과 이웃에게까지 나누어줄 수도 있을 것이라는 당찬 포부도 가졌다. 우리가 애쓰는 걸 보고 지나가던 사람들이 한 마디씩 했다.

"뭘 그리 힘들게 하세요? 그게 무슨 먹고 살 일이라고…."

"예, 처자식이 어디 한둘인가요? 다 먹여 살리려면, 허허허."

처자식이 한둘이 아니라면 처도 많단 말인가? 나는 농담으로 받아넘기며 헛웃음치고 말았지만 사실 회의가 들지 않는 건 아니었다. 무청이 몸에 좋으면 얼마나 좋으랴, 설령 좋다 하더라도 김장철에 뿌리 굵고 이파리 싱싱한 무 몇 단만 사면 넉넉할 것을. 도대체 이게 무슨 고생이란 말인가. 하지만 우리는 밭일을 쉬지 않았다.

가을로 접어들어 무와 배추 씨를 뿌렸다. 날이 가물면 물을 주기도 하면서 정성을 다 했다. 농약은 일체 안 쓰기로 하여 이른 아침 해 뜰 무렵이면 아내와 같이 가서 벌레를 잡아주었다.

정성을 다한 보람이 있어 김장 농사가 정말 잘 되었다.

병치레 하나도 하지 않은 청청한 무 이파리가 지나는 사람들의 눈길을 끌었다. 뿌리도 벌써 상당히 자라서 살집 좋은 어린애 팔뚝만큼 굵어지고 윗부분이 연두색으로 탐스럽게 커나갔다. 배추 포기도 속이 차기 시작했다. 시간이 날 때마다 밭을 둘러보는 재미가 쏠쏠했다. 김장철이 오기만 기다렸다.

어느 날 아침, 아내와 둘이서 밭에를 갔다가 깜짝 놀랐다. 그 싱싱한 무 잎이 상당히 많이 뜯겨지고 뿌리만 남아 있는 게 아닌가!

배추는 멀쩡한데 무 잎만 싹둑싹둑 잘려 있었다. 유심히 살펴보니 틀림없는 고라니 짓이었다. 검은 콩 같은 고라니의 배설물이 눈에 띄었다.“망할 놈의 고라니, 못된 놈의 고라니.” 하면서 아내가 무척 속상해 했다. 나 역시도 많이 아까운 생각이 들었다. 요놈의 고라니를 잡아버려야겠다고 큰소리쳤지만 실은 아내를 위로하기 위한 말일 뿐이었다.

설마 고라니가 먹은들 다 먹기야 할까.

조금 먹다 말겠지. 만약 멧돼지가 왔더라면 온 밭을 다 뒤져 무 배추 농사를 아예 망쳐 놓았겠지만 고라니는 무 이파리만 살살 뜯어먹었으니 얼마나 착한 녀석인가. 눈이 커서 겁이 많고 쫑긋한 두 귀로 바스락 소리만 나도 냅다 뛰어 달아나는 녀석이다. 뻐드름한 이빨로 무 잎을 오물오물 뜯어먹는 모습이 상상되어 슬며시 웃음이 나오기도 했다.

그러나 더 이상의 피해를 막기 위해 밭가에 빙 둘러서 줄을 쳤다. 이만하면 제까짓 게 못 들어오겠지.

그러나 이튿날도 또 그 다음날도 마찬가지로 무 잎이 조금씩 사라져 갔다. 그 대신 여기저기에 고라니 배설물만 자꾸 늘어갔다. 밭 가로 울긋불긋한 줄을 더 치고 빈 깡통을 달아 바람이 불면 소리가 나도록 해봤지만 소용이 없었다.

그렇다고 꽤 넓은 면적을 높은 울타리로 둘러막거나 밤새워 지킬 수도 없는 노릇이었다.

며칠이 지나자 아직 다 자라지도 않은 무 잎은 밭에서 모두 없어지다시피 되고 말았다. 고라니 한두 마리의 짓이 아니었다. 잎이 없으니 뿌리도 더 이상 자랄 수가 없었다. 내 손으로 농사를 지어 몸에 좋다는 무청을 엮어 말리고 눈 내리는 겨울밤에 새콤한 동치미 국물 맛을 즐겨보겠다는 달콤한 꿈이 멀어져간 것이다.

"산전 벌이해서 고라니 좋은 일만 했다."

어렸을 때 어른들로부터 자주 들으면서도 잘 알지 못했던 이 말의 뜻을 이제는 확실히 알게 되었다.

우리 부부는 아들 둘에 딸 하나를 두었다. 지금은 모두 결혼해서 따로따로 살고 있다. 공무원 박봉에 애들 셋을 다 가르쳐 결혼시키기까지는 정말 힘들게 살아온 젊은날이었다. 특히 아내의 고생이 더 심했다. 경제적 어려움은 말할 것도 없고 한밤중에도 일어나 연탄을 가는 일이며 날마다 도시락을 몇 개씩 싸서 애들 학교 보내기란 결코 쉬운 일이 아니었다. 그야말로 산전山田을 일구어 농사짓기보다 더 힘드는 중노동이었다. 하지만 자식을 가르친다는 생각 하나로 그 어려움을 말없이 이겨냈다. 그리고 아내는 이제 나이 들어 여기저기 아픈 곳이 많아 편한 잠을 못 잔다. 요즘 초여름인데도 종종 춥다고 거실 문을 닫는다.

따로 사는 자식들이 자주 오지는 못할 망정 더러 안부 전화라도 하면 좋으련만 그렇지가 않다. 딸이야 시집을 보내서 남의 집 사람이 되었으니 그렇다 치더라도 아들놈들이 서운하다는 것이다.

고생고생해서 키우고 가르쳐 놓은 아들 둘을 아예 빼앗겼다는 생각이 든다고 한다. 요즘 아내는 심한 박탈감에 빠져드는 눈치다. 그렇지만 그것도 모두 생각 나름이다. 제 처자식 사랑하면서 잘 살고 있으면 그만이지 더 무얼 바란단 말인가. 그건 분명 과욕이다. 자식을 내 품안에서 떠나

보내는 연습도 필요할 것 같다.

아내는 종종 진담 어린 농담을 중얼거린다.

"죽자고 산전 벌이해서 고라니 좋은 일만 했네."

며느리가 바로 고라니라는 것이다. 땀 흘려 가꾸어 놓은 무 잎을 다 뜯어먹은 고라니. 하지만 그렇다한들 또 어찌하랴. 그 고라니도 다 소중한 내 가족인 것을.

두 여자

지하철 안은 사람이 많지 않았다. 한낮이라 서 있는 승객은 겨우 몇 명에 불과했다. 서 있는 승객 중에 눈에 확 띄는 사람이 하나 있었다. 30대 초반 쯤으로 보이는 여인이었다. 눈처럼 흰 원피스를 입고 있었다. 그녀의 얼굴도, 죽 뻗은 다리도 옷 색깔과 어울리게 희고 고왔다. 훤칠하게 큰 키에 뒷목을 덮은 검은 머리, 왼쪽 팔에는 밤색 손가방을 걸었고, 굽 높은 검정 구두를 신고 서 있는 모습이 우아하기 이를 데 없었다. 순백의 백합 한 송이를 연상케 하는, 그야말로 백합의 여인이었다. 특히 무릎 위로 살짝 올라간 원피스 밑으로 보이는 흰 다리가 매혹적이었다. 차 안이 그녀로 인해 더욱 밝아진 것 같았다. 모두들 은근히 그녀만 주시하는 듯했다. 가히 남자의 가슴을 설레게 하는 데 충분했지만 감히 접근할 수 없는 고고한 자태를 하고 있었다.

다음 역에서 차가 섰을 때 조금 의외의 일이 일어났다. 차에 오르던 30대의 남자 한 사람이 다짜고짜 백합여인의 흰 다리를 척 만지고는 안쪽으로 걸어갔다. 눈 깜작할 새였다.

요즘 한창 말썽 많은 성추행을 한 것이다. 나는 깜짝 놀랐다. 다른 사람들 역시 마찬가지였을 것이다. 여인의 반응이 궁금했다. 소리를 지르거나 욕을 하거나 더 심하면 성 추행범으로 신고하는 것까지 생각했던 나의 예상은 완전히 빗나가고 말았다. 뒤에서 갑자기 다리를 만지자 여인이 처음에는 움찔하고 놀라더니 남자가 들어간 쪽을 돌아다 봤다. 얼굴에 살짝 웃음기를 띄었다. 마치 "누가 장난쳤지? " 하고 말하는 것 같았다. 그리고는 아무 일도 일어나지 않았다.

여인은 여전히 고고하게 서 있었다.

이슬비가 부슬부슬 내리는 어느 날이었다. 내가 버스를 타기 위해 정류장으로 갔을 때 차를 기다리는 사람은 두 명밖에 없었다. 나이 많은 할아버지 한 분과 젊은 아가씨였다. 할아버지는 팔십을 족히 넘긴 듯한 노인이었다. 거동이 많이 불편해 보이는 몸으로 벤치에 쭈그리고 앉아 있었다.

벤치의 한쪽 옆에는 20대 초반으로 보이는 아가씨가 서 있었다. 벤치에 앉을 자리가 있는데도 앉지 않고 서 있었는데 키가 늘씬하고 긴 목이 한 마리의 꽃사슴을 연상케 했다. 살짝 노란 색이 도는 머리는 뒷목을 덮고 허리까지 내려와 찰랑댔다. 청바지에 연두색 티셔츠를 자연스럽게 걸치고 옅은 선글라스를 낀 모습이 어쩐지 이국의 정서를 풍기는 인상이었다. 버스는 쉽게 오지 않았다. 그때 노인이 굼뜬 동작으로 회색 점퍼 주머니에서 담배를 꺼내 물고 불을 붙였다. 그러자 곧바로 아가씨가 나섰다.

"할아버지, 여기는 금연 구역이에요! "

아가씨의 목소리가 싸늘하고 매몰찼다. 노인이 멋쩍게 웃었다.

"두, 두 모금만 빨고요."

말소리는 어눌하고 발음도 분명치 않았다. 아가씨가 또 쏘아붙였다.

"간접흡연이 더 해롭다고요! "

그때 버스가 왔다. 나와 아가씨는 차를 탔지만 노인은 여전히 그 자리에 앉아 있는 모습이 차창 밖으로 보였다.

이 두 가지의 작은 사건이 많은 시일이 흐른 지금까지도 잊히지 않고 기억에 또렷이 남아 있는 이유는 무엇일까.

두 여자 모두 범법자에게 피해를 당한 사람들이다. 백합 여인은 성추행을 당했고, 꽃사슴아가씨는 간접흡연의 피해자라 할 수 있다. 두 사람이 다 젊고 예쁘고 세련된 여성이지만 처신하는 방식은 서로 달랐다. 세상에는 그냥 넘기면 조용히 지나갈 일도 따지고 들추어내서 더 시끄러워지는 경우가 많다. 꽃사슴아가씨의 경우만 해도 그렇다. 비록 금연구역이라지만 한적한 변두리 정류장에서 연세 많은 노인이 담배 좀 피웠기로 꼭 그렇게 면박을 주어야 했을까?

야박스럽고 몰인정하기 짝이 없다.

우리가 사는 이 사회는 지켜야 할 많은 법률이 있다. 하지만 법만 잘 지키면 인정이 넘치고 살기 좋은 훈훈한 세상이 될까?

이런 생각을 하는 나는 아직 민주시민사회의 일원이 될 자격이 없는지도 모르겠다.

명품

며늘애가 내 생일 선물로 티셔츠를 사왔다. 흰 바탕에 연갈색의 가로세로 줄무늬가 산뜻하다. 아내는 상표부터 살피더니 명품이라고 좋아한다.

나는 아직까지 소위 '명품'이라고 하는 브랜드를 의식하면서 옷을 입어본 적이 없다. 뿐만 아니라 내 옷을 내 손으로 직접 골라서 사본 기억도 나지 않는다. 그저 아내가 사다주면 그냥 입고 다닐 뿐이다. 상표 같은 것은 아예 들여다볼 생각도 않고 또 본다고 해야 명품인지 아닌지 알지도 못한다. 옷이란 얼른 봐서 칼라와 디자인에 특별히 거부감 없고 입어서 몸에 편하게 느껴지면 그만이지 더 뭘 바랄 것이 있으랴 싶다. 아무리 값비싸고 유명한 제품이라고 해도 입어서 편하지 못하면 소용없는 일 아닌가.

한 번은 아내가 티셔츠를 사다주면서 명품이라고 생색을 냈다.

백화점 매장에 마지막 하나 남은 걸 가져왔다는 것이다.

그런데 아무리 봐도 색깔이 우중충한 게 몇 년 지난 헌 옷 같아 마음에 안 들고 입어보니 감촉도 껄끄러웠다. 그러나 사온 성의를 생각해서 겉으로 내색은 하지 않고 걸어두었다가 도토리 주우러 산에 가면서 입고 갔더니 아내가 생야단이 났다. 반면에 어떤 싸구려 허드레옷이 몸에 잘 맞고 편해서 외출할 때마다 그 옷만 입는다고 핀잔을 맞은 적도 있다. 하지만 나로서는 그럴 수밖에 없다. 입어서 내 몸에 편한 옷이 제일이고 나에게는 그게 바로 명품이니까.

사람을 사귀는 일도 그렇다. 만나면 만날수록 몸에 맞지 않은 옷처럼 껄끄럽고 불편한 사람이 있다. 설령 그 사람의 재력이나 사회적 지위, 학식 등 어느 면으로 보나 그야말로 '명품 인물'이랄 수 있는 사람이라 해도 마찬가지다. 내가 알고 지내는 사람 중에 그런 사람이 있다. 서로 사귄 지 50년도 넘었지만 만나고 나면 마치 입에 안 맞는 음식을 먹은

뒤끝처럼 속이 껄쩍지근하고 개운하지가 않다. 그래서 공식적인 모임 외에는 만나지 않는다. 오가다 우연히 만났다 해도 도망갈 구실부터 찾는다. 그런가하면 또 어떤 사람은 날이 갈수록 정이 깊어지는 경우가 있다. 오래 전, 어느 모임 자리에서 처음 만난 사람이 있었는데 영 마음에 안 들었다. 얼굴은 시커멓고 왜소한 체구에 늘 입을 닫고 있는 친구였다.

그런데 한 번 두 번 만나다보니 그렇게 정이 갈 수가 없었다. 생각이 건전하고 대화도 잘 통했다. 만나면 만날수록 은근히 감칠맛이 나는 사람이었다. 그가 만나자고 하면 자다가도 벌떡 일어나 뛰어나갈 정도로 친한 단짝이 되었다.

이렇게 사람을 차별해서 대우하는 것은 아마도 나의 생각이 편협하고 금도襟度가 부족한 데 기인함이 틀림없다. 그러나 내 자신도 이러한 나의 마음을 어찌할 수가 없다. 몸에 맞지 않아 불편하기 짝이 없는 옷을 좋은 척하고 입을 수는 없기 때문이다.

세상에는 명품에 대한 열정이 아주 뜨거운 사람들이 있다.

그들은 남을 의식해서 돈과 시간을 아낌없이 쓴다. 대개는 남에게 내보이고 싶은 심리가 다분하다. 그러면서 나를 위해서 투자하는 돈은 아깝지 않다고 말한다. 그 사람의 취향이고 그 사람이 살아가는 방식이니 시야비야할 생각은 추호도 없다. 하지만 여기에는 그들이 미처 생각지 못한 점이 있다고 본다. 일반적으로 사람들은 내가 입고 있는 옷, 들고 있는 가방, 끼고 있는 반지에 대해서 내가 생각하는 것만큼 그렇게 큰 관심을 갖지 않는다. 남의 가치 기준에 따라 내 목표를 세우고 남과 비교하면서 나의 돈과 시간을 낭비하는 것은 그리 바람직한 일이 아니라고 본다.

명품이네 아니네 하고 극성을 부리지만 다분히 주관적인 경우가 많다. 그래서 모조품을 명품으로 알고 혼자 만족하기도 하고 뽐내기도 한다. 일찍이 프랑스의 작가 모파상(Guy de Maupassnat)은 그의 유명한 단편소설 〈목걸이〉에서 이 문제를 기가 막힐 정도로 예리하게 다루었다.

또한 명품을 갖는 데는 돈도 많아야겠지만 그 물건이 그 사람과 서로 걸맞아야 하지 않을까 싶다. 언젠가 TV에서 봤던 이야기가 생각난다. 어떤 사람이 자기 어머니에게 명품 가방을 사다 드리면서 이거 굉장히 비싼 명품이란 말도 덧붙였다. 그리고는 우리 어머니가 그 가방을 들고 다니면서 자랑깨나 했겠지 하고 혼자 흐뭇한 미소를 짓고는 했다.

그런데 얼마 후에 가 봤더니 그 명품 가방에 양파를 가득 담아 놓았더라는 것. 그 어머니에게는 당장 양파를 담을 그릇이 필요했던 것이다.

큰일 날 뻔했다

토요일 오후–.

아내가 쓰레기 분리수거장에를 같이 가자고 했다. 며칠 전, 김치냉장고와 식탁을 새것으로 바꾸는 바람에 버릴 것이 한 짐이었다. 나로서는 참 알 수 없는 일이다. 오래되어 소리가 좀 시끄럽게 나긴 하지만 아직 깨끗하고 냉장도 잘 되는 멀쩡한 김치냉장고를 바꾼 것이다. 식탁도 그렇다. 어디 흠 하나도 없고 조금도 불편을 느끼지 못했는데 덜렁 버리고 말았다.

쓰레기장 옆에는 또 어느 집이 이사를 갔는지 아예 한 살림이 몽땅 버려져 있다. 장롱, 침대, 책상, 장식장 등 족히

한 트럭은 될 만한 가구들이다. 장롱에 박힌 자개의 광채가 눈부시다. 노송 위에 앉은 백학 한 쌍이 금방이라도 날개를 펼쳐 창공으로 훨훨 날아오를 듯하다. 어느 대갓집 안방에 들어앉아도 손색이 없을 것 같은 고급스런 자개농, 저걸 장만할 당시에는 무척이나 귀하고 값도 비쌌으리라. 버리기에는 너무도 아깝다는 생각에 몇 번이나 뒤돌아보았다.

나는 체질적으로 버리는 데 익숙하지 못하다. 필요 없는 책들을 버리려고 여러 박스를 담아 놓은 지가 작년 언제인데 올해가 다 기울도록 버리지 못하고 그냥 두고 있었다.

나와는 달리 아내는 버리기에 과감하다. 내가 보기에는 아직 괜찮다 싶은 가재도구들을 생각만 나면 가차없이 내다 버리고 새것으로 들여 놓는다. 그 덕분에 집안이 구질구질하지 않고 분위기가 산뜻해서 좋기는 하다. 하지만 아내의 그 용감한 버리기 습관 때문에 아찔한 일도 있었다.

어느 날, 밖에서 들어온 아내가 폐지 수집상 한 사람을 데리고 왔다. 길에서 만났다는 것이다. 내가 차마 버리지 못하고 있던 책 박스들을 순식간에 몽땅 내보내 버렸다. 그러고 나니 책장 주변이 개운하고 좋았다. 하지만 어쩐지 서운한 생각을 떨쳐버릴 수 없었다.

저녁 늦은 시간에 아파트 경비실에서 인터폰이 왔다. 1층 엘리베이터 앞에 족보를 놓아 두고 왜 안 가져가느냐는 것이다. 무슨 소린가 싶어 내려가 보았다. 엘리베이터 바로 앞에 박스가 놓여 있었다. 열어보았더니 이게 웬일인가!

《晋陽河氏大同譜》15권 한 질이 그대로 들어 있었다. 순간, 망치로 머리를 호되게 얻어맞은 기분이었다. 죄책감에 경비원 앞에서 얼굴을 들 수가 없었다. 짐작이 갔다. 낮에 폐지 수집상이 책 박스들을 내가면서 곁에 있던 족보 담아 놓은 박스까지 가지고 갔던 것이다. 얼마 전 책장을 정리할 때 족보를 꺼내 우선 박스에 담아 둔 것이었다. 목공소에 가서 상자를 튼튼하게 제작하여 족보를 안전하게 모신다고 생각하면서도 아직 실행을 못하고 있던 참이었다.

그런데 어떻게 족보가 다시 돌아와 있었을까? 경비원 말은 낮에부터 웬 박스가 있어 누가 쓰레기를 버리려고 거기 놓아둔 걸로 알았다고 했다. 밤이 늦어도 그대로 있기에 열어보니 족보가 들어 있어 입주자 명부를 뒤져 성이 河氏인 우리 집으로 연락을 했다는 것이다. 내가 귀한 성씨를 가진 덕을 본 셈이지만 참 신통한 경비원이었다. 그보다도 이름도 성도 어디 사는지도 모르는 폐지 수집상이 한 번 가져갔으면 그만이지 그 무거운 걸 다시 엘리베이터 앞에까지 가져다놓았다는 사실은 더 놀라운 것이었다. 그건 분명 조상님의 힘이었고 나에 대한 엄중한 경고라고 생각하지 않을 수 없다.

족보는 마땅히 가장 잘 보이는 곳에 모셔두고 조석으로 오가며 살피고 수시로 열어보고 할 일이다. 버리려고 놓아둔 책 무더기 곁에 방치해놓고 챙겨보지도 않았으니 자손으로서 벌을 받아도 크게 받을 일이었다.

추석을 앞두고 산소에 벌초가 한창이다. 공원묘지 관리자에 따르면 해마다 버려지는 분묘가 늘어난다고 한다. 자손들이 아예 없어져 선영을 찾지 못하는 경우도 있겠지만 바쁘다는 핑계로, 효孝 사상의 실종으로 조상을 버리는 경우가 많아지니 안타까운 일이다.

양심과 인간성까지 버리는 사람들이 많은 세상이다. 이러다가는 신과 자연이 인간을 아주 버릴까싶어 두렵다.

두루미 천남성

그 녀석을 거기서 만나게 된 것은 행운이었다. 잡초들 속에서 우뚝 솟아나와 목을 길게 빼고 날개를 펼쳐 하늘을 향해 지금 막 비상하려는 자세를 하고 있었다. 깊은 산속도 아니고 발길이 닿지 않는 외진 곳도 아닌데 녀석이 언제부터 거기에 서 있었을까. 야생화를 찾아 산과 들을 헤매고 다니면서 그렇게도 만나고 싶어 했던 '두루미 천남성' 이었다.

생물도감에서나 보고 남이 카페나 블로그에 올려 놓은 사진을 보면서, 나는 언제나 직접 만나 사진에 담을 수 있을까 하고 무척이나 부러워했었다. 그런데 뜻하지 않게 늘 다니던 야산에서 녀석을 만난 것이다. 내가 하도 간절히 원

해서 산신령님이 나의 소원을 들어준 것일까. 야생화를 찾는 사람이 희귀종을 만난다는 것은 마치 심마니들이 산삼을 발견하기나 한 것처럼 반갑다.

두루미 천남성은 천남성과天南星科에 속하는 다년생 식물로 높이가 50~60㎝ 정도이며 독성이 강한 약초다. 우리나라에는 제주도, 경기도, 평안도 지방에 자생한다. 보통 천남성과는 달리 만나기 힘든 희귀종이어서 야생화 애호가들이 만나고 싶어하는 종류 중의 하나다. 그 생김새가 마치 두루미를 닮았다고 해서 그런 이름이 붙었다. 손가락 크기만한 꽃대가 쑥 뻗어 올라와 있고 꽃 이삭의 끝이 삐쭉하게 하늘을 향해 있는 모습, 꽃대 양옆으로 가지가 벌려 있어 두루미가 목을 길게 빼고 날개를 펼쳐 비상하려는 모습과 흡사하다. 내가 만난 녀석은 키가 1m나 되고 우람했다.

야생화 중에는 그 모양이 별난 것들이 많다. '투구꽃'은 로마 병정이 도열해 있는 모습이고, '흰 진범'은 마치 흰 오리들이 옹기종기 모여 있는 형상을 하고 있다. 야생화의 희귀종을 발견하여 카메라에 담아오는 날이면 귀한 선물을 받은 양 마음이 흐뭇하고 마냥 즐겁다.

야생화를 찾아 산속을 헤매다 보면 더러는 의외의 일이

생기기도 한다. 영지버섯 군락지를 만나서 오붓한 재미를 맛보는 일도 있고, 운이 특별히 좋은 날이면 산삼이 보이는 수도 있다. 그러나 꼭 좋은 일만 있는 것은 아니다. 가파른 곳을 내려가다가 미끄러져서 무릎 인대가 나간 일도 있었다. 벼랑 밑에 전에 보지 못한 꽃이 있어 내려가려고 소나무 가지를 잡는 순간 뭔가 물컹한 감촉에 쳐다보았더니 나뭇가지에 붙어있는 뱀을 잡은 것이었다. 기절초풍하여 꽃이고 뭐고 다 버리고 도망쳤던 일이며, 꽃이 풀잎에 가려 있어 사진을 찍으려고 손으로 풀잎을 젖히는 순간 뱀이 불쑥 고개를 치켜들어 카메라까지 떨어뜨리고 도망쳤던 일, 가시덤불 속을 들어가다가 벌집을 건드려 얼굴이 퉁퉁 부운적도 있었다. 그럴 때 마다 이제 그만둬야지 하고 다짐하곤 하지만 며칠만 지나면 다시 카메라 들고 산으로 향한다.

야생화와 함께하는 세상은 남모르는 즐거움이 있다. 꽃을 관찰하고 사진에 담고 하면서 꽃과 호흡을 같이하게 되고, 말 없는 대화를 나누기도 한다. 한 송이의 꽃이 피고 열매를 맺고 종자를 번식시키는 과정을 보면 자연의 신비스러움에 감탄이 절로 나온다. 할미꽃이 피고 나서 열흘쯤 지나면 그 곱던 꽃은 간데없고 할머니가 하얀 머리를 풀어헤

치고 있는 모습으로 변하고 또 한 열흘쯤 지나면 하얗던 머리카락은 없어지고 가벼운 솜털로 변하여 조각조각이 되어 그 속에 씨앗을 담고 바람에 날아가 종자를 번식한다.

야생화를 찾아 숲속을 누비면서 은연중에 식물과 친하게 되고 이름 없는 풀 한 포기 나무 한 그루도 사랑의 눈으로 바라보게 되어 마음이 순화됨을 느낀다. 몇 시간이고 산속을 헤매는 동안은 온갖 세상일 다 잊고 자연 속에 내 자신이 동화되어 버린다. 내 마음이 평온하고 사심이 없으니 산까치나 박새 등 산새들도 피하지 않고 주위를 맴돌며 지저귄다. 이것은 나의 소박한 기쁨이요 나 혼자만의 희열이다.

가파른 곳에서 굴러 떨어지고 뱀에 놀라고 벌에 쏘이면서도 야생화를 찾아 산속을 헤매는 일이 즐겁다.

윤 영감네

우리 동네에 마트가 하나 있다. 간판에 '마트'라고 씌어 있긴 해도 구멍가게보다 규모가 조금 큰 상점이다. 2,000여 세대의 아파트 사람들과 인근에 사는 주민들이 애용하고 있다. 편의점이 또 하나 있지만 물건의 종류가 단조롭고 값도 비싸기 때문에 생선 채소 등 식료품을 사기 위해서는 그 마트에 가야 한다. 해질 무렵이면 계산대 앞에 사람들이 줄을 선다. 아기 업고 시장바구니 든 여인, 소주병과 오징어포를 움켜 쥔 할아버지, 꼬깔콘 봉지를 가슴에 안은 어린이 등 가지각색이다. 우리 집에서도 이 마트를 애용하는 편이다. 아내는 두부 콩나물 채소 등 주로 찬거리를 자주 사고, 나는 소주를 사기 위해서 마트에 가는 일이 많다. 직장에 다닐 때는 동료들과 어울려 밖에서 먹고 노느라 집에서는 술 마시는 일이 거의 없다시피 했는데 퇴직하고 나서는 반대로 되었다.

내가 이 동네로 이사온 지 4년째 되지만 언제 봐도 그 마트는 장사가 잘 된다. 마트 앞에는 늘 할아버지 한 분이 의자에 앉아 있다. 궂은 날이고 공휴일이고 할 것 없이 마트가 열려 있는 날이면 일 년 내내 자리를 비우는 걸 보지 못했다. 친구도 없고 어디 갈 곳도 없는 사람 같다. 아내가 있는지 없는지도 궁금하다. 듬성듬성한 곱슬머리, 주름진 검은 얼굴, 회색 바지에 자주색 조끼가 변함없는 그의 복장이다. 외모만 봐서는 나이를 가늠하기가 쉽지 않다. 웃는 일도, 찡그리는 일도 없이 언제나 무표정이니 더욱 그렇다.

아무래도 일흔이 훨씬 넘었으리란 짐작만 할 뿐이다. 이름은 물론이고 성도 확실히 알지는 못 한다. 사람들이 그를 윤 영감이라 부르는 소리를 들은 적이 있어 성이 윤씨인 걸로 알고 있다.

오토바이로 물건을 배달하는 걸 보고 처음에는 종업원이려니 생각했는데 그게 아니었다. 윤 영감이야 말로 마트의

사장이었다. 마트에서 일하는 사람이 윤 영감 말고도 젊은 남자와 여자가 둘씩인데 알고 보니 윤 영감의 아들 내외와 딸 내외였다. 아들과 사위는 무거운 물건을 운반하는 등 힘든 일을 하고, 딸과 며느리는 카운터와 상품 정리하는 일을 맡고, 윤 영감은 마트 앞을 지키고 있다가 배달이 있으면 오토바이를 타고 나간다. 완전히 가족끼리 운영하는 마트인 것이다.

언제 봐도 일하는 사람들이 화기애애하고 웃는 낯으로 손님에게 친절한 모습이 보기 좋았다. 다만 윤 영감만 무표정할 뿐이다.

장사가 잘 되어 사업이 날로 번창해가는 걸 느낄 수 있었다. 2,000여 세대의 아파트 주민과 인근 자연부락 사람들을 대상으로 독점하다시피 장사를 하니 잘 될 수밖에. 저 사람들 얼마 안 있어 각자 마트 하나씩 차려 나가겠구나 싶었다. 하지만 언제 무슨 일이 일어날 지 알 수 없는 것이 우리네 삶이다.

동네에 이변이 생겼다. 온 동네가 떠들썩했다. 윤 영감네에겐 비극이요 재앙이었다. 당장 생계에 지장을 받지는 않더라도 위기가 틀림없었다. 가까운 곳에 대형 마트가 들어선 것이다. 비어 있던 큰 건물을 며칠 전부터 수리하고 칠하고 하더니 'OO 마트'란 간판을 붙였다. 울긋불긋 만국기를 내걸고, 현수막을 늘어뜨리고, 집집마다 전단지를 돌렸다. '오픈 사은 대잔치'란 명목으로 3일 동안 바겐세일에 푸짐한 사은품을 증정하니 온 동네가 들썩거렸다.

주차장이 부족하여 도로까지 차가 늘어서고 수백 명의 사람들이 몰려들어 북새통을 이루었다.

동네 사람들이야 가까운 곳에 대형 마트가 들어서니 좋은 물건 싸게 사서 좋고, 덩달아 집값도 오르겠다고 박수를 치지만 윤 영감네로선 죽을 지경이었다. 해질 녘이면 줄을 서던 계산대 앞은 한산하고 어쩌다가 꼬마들이 더러 찾을 뿐이다. 윤 영감의 검은 얼굴이 더욱 검게 보이고 친절하고 싹싹하던 딸과 며느리도 말수가 줄었다. 신바람나게 일하던 아들과 사위가 뒷짐지고 먼 산을 바라보는 시간이 많아졌다.

대형 매장 난립으로 구멍가게가 자취를 감춘 건 오래 된 일이요 대기업의 횡포 때문에 영세 기업이 못 살겠다는 말을 듣기도 했지만 실제로 눈앞에서 겪어보기는 처음이었다. 동물의 세계에나 있는 줄 알았던 약육강식의 법칙이 인간 세계에도 엄연히 존재한다는 것은 서글픈 일이다. 3일 동안 바겐세일에 사은품 증정의 비용이 다 어디서 나왔겠는가. 영세한 납품업자에게 물건 값 후려서 선심 쓴 것이다. 현대는 시장원리에 의한 자유경쟁사회라지만 대기업이 영세업자의 처지도 조금쯤은 배려하는 기업 윤리가 아쉽다.

갑자기 잘 나가던 윤 영감네 마트가 수난을 당하게 되었다. 그러나 그들이 새로운 변화에 적응하고 잘 극복해 나가리라 생각된다.

느티나무

우리 동네 입구에 느티나무 한 그루가 서 있다. 수령이 몇 년이나 되는지 몸체가 세 아름이 넘고 하늘을 향해 치솟다가 둥그스름하게 옆으로 퍼진 모습이 우람하다. 잎이 우거질 때면 한층 더 웅장한 모습이 된다. 나무 밑에는 반석이 깔려 있어 돗자리를 펴지 않아도 앉아 놀기에 좋다. 옛날에는 동네의 대소사를 의논하는 회의장이었지만 지금은 더운 여름날 노인들이 오수를 즐기는 장소로, 동네 아이들의 놀이터로 애용된다. 때로는 갑자기 소낙비가 쏟아지면 길 가던 사람이 비를 피해서 잠시 머물다 가는 곳이기도 하다.

오랜 세월을 동네와 함께 지내오면서 좋은 일 궂은 일을 다 겪어온 유서由緖 깊은 나무다.

나는 그 옆을 지날 때면 여름이 아니라도 나무 밑으로 들어가 한참씩 앉아 있곤 한다. 숱한 날들을 비바람 눈보라에 부대끼면서도 의연한 자세로 서 있는 그 위용이 마치 위대한 인물을 대한 듯 경외감을 느끼게 한다. 멀리서 볼 때는 그저 우람하고 멋지게 보이지만 가까이 가 보면 그렇지도 않다. 온 몸뚱이가 상처투성이다. 돌에 맞았는지 껍질이 벗겨져 속살이 드러나 있는 곳도 있고, 날카로운 쇠끝으로 긁은 자국이며 심지어는 큼직한 쇠못이 깊숙이 박혀 있기도 하다.

느티나무는 언제나 그 자리에 서서 베풀기만 했다. 누구라도 그 밑에서 편안히 쉬어갔고, 뜨거운 햇볕을 가려주고 비바람을 막아주었다. 누구를 차별하지도 않았고 대가를 바라지도 않았다.

그저 주기만 했을 뿐이다. 그런데도 날이 갈수록 몸뚱이에 상처만 늘어갔다. 나무의 혜택을 받은 사람들이, 가장 가까이에 있었던 누군가가 상처를 입힌 것이다. 육신의 상처뿐일까? 만약 나무에 영혼이 있다면 참을 수 없는 배신

감에 갈가리 찢긴 영혼이 되었을 것이다. 그러나 느티나무는 말이 없다. 그저 묵묵히 서 있을 뿐이다. 살아온 연륜 만큼이나 많은 상처를 안고. 하지만 정작 상처를 입힌 본인은 그런 사실조차도 기억하지 못할 것이다.

몸에 난 상처는 약 바르고 치료해서 시간 지나면 자국도 없어지고 기억에서도 멀어진다. 그것은 그저 일시적인 고통일 뿐이다.

중학교 1학년 때 수업시간에 웃었다는 이유로 앞에 불려 나가 양쪽 뺨을 주먹으로 수도 없이 얻어맞아 코피가 터지고 며칠간 입 벌리기가 힘들었던 일도 지금은 희미한 기억으로만 남아 있다. 수양이 부족한 그 선생님에게 오히려 동정이 간다.

한 밤중에 식칼을 든 강도가 우리 집 안방에 들어와 격투하는 중에 이부자리가 젖도록 피를 흘리고 병원에 입원했던 사건도 마찬가지다. 그 당시는 엄청난 아픔이었지만 벌써 가물가물하다.

증오심도 없다. 어디에서 마음 잡고 잘 살고 있는지 아니면 지금도 강도짓을 하고 다니는지 궁금하다. 그저 불쌍한 생각이 들 뿐이다.

그러나 마음에 상처를 입으면 치유가 어렵다. 눈에 보이지도 않으면서 고통은 더 크고 잊어지질 않는다. 더구나 그것은 나와 마음으로 가장 가까운 사람, 내가 믿고 사랑했던 사람에게서 입게 되는 경우가 많다. 그래서 더욱 아픔이 크다. 어렸을 때부터 단짝이었던 고향 친구라든지, 오랜 세월을 한 몸으로 살아온 아내의 입에서 어느 날 불쑥 튀어나온 농담 한 마디가 날카로운 비수가 되어 가슴을 후빌 수도 있다. 그러나 본인들은 그 사실을 의식하지 못 한다. 나 혼자만이 안으로 끌어안고 살아야 한다. 오직 나만의 아픔이다.

마치 느티나무처럼.

나 역시 어느 때 무슨 말로 남의 가슴에 대못을 박았는지 알 수 없다. 나는 기억을 못하지만 분명 그런 일이 있을 것이다.

지금 느티나무는 잎이 다 떨어진 앙상한 가지로 차가운 바람에 윙윙거리면서 외롭게 서 있다. 찾는 사람이 없어 혼자서 봄을 기다리고 있다. 새싹이 트고 잎이 우거져 그늘을 드리우면 그때 사람들이 찾아올 것이다. 그리고는 또 상처를 입힐 것이다. 돌로 치고 쇠끝으로 긁기도 할 것이다. 그래도 잎을 피우기 위해서 봄을 기다리고 있다. 자기의 그늘에서 낮잠을 즐기는 동네 노인을, 시끄럽게 뛰어노는 아이들을 기다리고 있다. 앞으로 얼마나 더 많은 상처를 입게 될지 모른다.

빚을 갚는 일

오늘은 기필코 훈이 어머니를 찾아가 뵈어야겠다고 단단히 다짐했다. 진작부터 벼르기만 하고 가지 못했는데 오늘 아침 텔레비전에서 각급 학교 입학식이 열리는 영상을 보다가 문득 내가 중학교에 입학하던 때의 추억이 떠올랐다.

아울러서 훈이 어머니 생각이 또 났다. 훈이는 나의 중학교 신입생 때 옆자리 친구였다. 시골에서 도시로 중학교를 간 나는 친구도 없었고 어디 놀러갈 곳도 없었다. 자연히 짝꿍인 훈이와 어울리는 일이 많아 그의 집에 자주 놀러 가기도 했다. 훈이 어머니는 그런 나를 친 아들처럼 생각해 주었다. 가끔 용돈도 주고 시골 우리 집에서 미처 돈이 올라오지 않으면 납부금을 대납해 주기도 했다. 물심양면으로 크게 은혜를 입어 평생 잊지 못하는 은인이다. 망백의 나이에 홀로 외롭게 살고 있는 걸 알면서도 자주 가봐야겠다고 생각만 하고 실행은 못하고 있다.

지난날을 돌이켜보면 나는 빚을 참 많이 졌다. 그러면서도 아직 갚지 못한 빚이 많다. 물질적이거나 정신적인 빚들을 다 헤아리자면 한이 없다. 돈을 빌리는 것만이 빚이 아니다. 자녀 결혼 때 받은 축의금, 생일 때 받은 선물, 친구가 낸 술값, 내가 힘들고 외로울 때 곁에 있어준 일, 처음 가는 먼 길에 동행해 준 것도 모두 빚이다. 그런 것들이 사람 사는 사회에서 흔히 있을 수 있는 아름다운 인정이라고 치부한다 해도 마음속에 빚이 아닐 수 없다.

내가 남에게 베푼 것도 전혀 없지는 않지만 아무래도 남에게서 받은 것이 더 많다. 그래서 늘 빚쟁이 마음으로 살고 있다. 하지만 그걸 갚기가 쉽지 않다. 그 빚이라는 게 현금으로 얼마를 빌린 것이라면 차라리 갚기가 쉽겠지만 그게 아니어서 더욱 어렵다. 훈이 어머니 같은 경우만 해도 그렇다. 일생을 통해서 잊지 못할 큰 빚을 진 건 확실하지만 금액으로 환산할 수 없는 빚인 것이다. 그래서 자주 전화 드리고, 틈나는 대로 찾아가 점심이나 대접하고, 연세 많은 분이니 추운 겨울에 따듯한 속옷이나 한 벌 사가지고 찾아뵈면 될 일이다. 그런데도 그걸 실천하지 못하고 산다.

내가 직장에 다닐 때 어떤 직원의 신상문제에 대해서 좋은 쪽으로 배려해준 적이 있었다. 돈이 드는 것도 아니고 크게 힘 드는 일도 아니었다. 그 후 그 직원이 그걸 알고는 매년 추석마다 선물을 들고 찾아왔다. 그러기를 수년 계속했다. 나중에는 너무 부담스러워 제발 이제 그만 오라고 사정사정했다. 본받고 싶은 사람이다.

신세진 사람을 찾아봐야겠다고 생각은 하면서도 뭉그적거리다 보면 연락이 끊기기도 하고 더러는 아예 세상을 떠나 영영 만날 수 없게 되는 경우도 있다. 바쁘다느니, 생활에 쫓기다보면 할 수 없다느니 하는 말은 모두 핑계일 뿐이다. 성의가 부족한 것이다.

또 한 가지, 참으로 부끄러운 일이지만 남에게서 받은 것을 갚지 못해서 미안한 마음도 있지만 내가 베풀었는데 보답이 없는 것에 대해 서운할 때가 있다는 것이 솔직한 고백이다. 오래 전 어떤 친구가 직장으로 찾아와 납부금이 없어 자기 딸 학교를 못 보내겠다고 사정했다. 그때 나도 가진 돈이 없었다. 그렇지만 그 친구를 그냥 보낼 수 없어 아내를 시켜 그 당시에는 상당히 큰돈을 옆집에서 빌려다 주었다. 그 후 그 친구를 종종 만났지만 지금까지도 갚는 건 고사하고 덕분에 딸 학교 잘 다녔다는 말 한 마디 없다. 많은 세월이 흐른 지금도 종종 생각이 나고 잊히지가 않는다. 남에게 베푼 은혜는 생각지 말고, 남에게서 받은 은혜는 잊지 말라施惠勿念 受恩莫忘고 했던 주자朱子의 가르침을 잘 알고 있으면서도 이행하기는 어렵다.

내 딴에는 빚을 지고 살지 않겠다는 생각으로 일일이 챙기지만 좋은 의도로 행한 일이 반드시 좋은 결과로만 나타나지는 않을 때도 있다. 더러는 내가 계산속이 너무 밝은 소심한 사람이라는 핀잔을 듣는다. 뿐만 아니라 아주 난처한 일이 생기기도 한다. 특히 상대가 이성인 경우에는 더욱 조심할 일이다. 빚 갚는다는 행동이 엉뚱한 오해를 받아 무척 곤란한 경우를 당한 적도 있다. 비록 그렇더라도 앞으로는 빚을 갚는 일에 늘 신경을 쓸 생각이다. 가진 것 없어 베풀지는 못하더라도 빚쟁이 인생이나 되지 않았으면 싶다.

어느 때 누구에게 신세를 졌는데 내가 그걸 잊고 있지나 않는지 늘 꼼꼼히 되새겨 볼 일이다.

5부 5월이 오면

오지 마시오

머리가 아프고 목도 뻐근하고 가래와 기침이 심하다. 온몸이 저리고 무겁기가 천근만근이다. 황사와 미세먼지가 심한 날 하루 종일 밖에서 보냈더니 감기가 된통 걸렸다.

외출을 자제하라고 방송에서 말하는 걸 듣고도 조심하지 않아서 그 벌을 톡톡히 받은 것이다.

이사를 하고나니 새로 인연을 맺어야 하는 것들이 한두 가지가 아니어서 불편하다. 그 중에서 가장 중요한 게 병원이다. 대수술을 한다거나 MRI 촬영 등 중요한 경우에는 큰 종합병원으로 간다지만 사소한 감기나 소화불량 정도는 집에서 쉽게 갈 수 있는 작은 병원이 편리하다. 나이가 들어

갈수록 병원에 가는 일이 많아지니 동네에 마음 맞는 단골 병원이 꼭 필요하다.

간판만 보고 그럴 듯하다고 생각되는 내과의원으로 들어갔다. 상상외로 넓고 깨끗한 대기실에 환자들이 열댓 명이나 기다리고 있어 잘 들어왔다 싶었다. 음식점도 그렇지만 병원도 드나드는 사람이 많으면 일단 믿을 수 있다고 보아야 한다. 이 병원을 단골로 삼아야겠다고 생각했다.

한 시간 정도나 기다린 후에 진료실로 들어갔다. 40대 중반으로 보이는 의사의 수더분하고 서민적인 첫인상이 좋았다. 게다가 말씨가 남쪽 내 고향 어감이어서 더욱 친근감이 들었다. 내 목 안을 들여다보더니 많이 부었다면서 찬 것과 밀가루 음식 삼가고 커피도 해롭다는 등 기본적인 이야기 끝에 술 마시지 말라고 강조했다. 내가 웃으며 지나가는 말처럼 한 마디 했다.

"하하, 술 그거 해로운 줄 알면서도 마시게 되네요."

그러자 순하게 생긴 이 의사 양반, 고개를 번쩍 들고 나를 정시한 채로

"병원에 오지 마시오, 병원에 올 필요 없어요."

퉁명스럽게 내쏘았다. 순간 그 황당함이란, 요즘 아이들

말로 '맨붕'이 된 기분이었다. 이렇게 무례하고 오만할 수가 있을까.

병원에 다니면서 뇌꼴스런 일을 당한 것이 한두 번이 아니기는 하다. 그래도 이건 너무한 게 아닌가. 환자가 많다고 배부른 교만을 떠는 티가 역력했다. 병원에 올 필요가 없다는 말은 당신같이 술이나 먹는 사람은 그냥 앓다가 죽으라는 의미가 아니겠는가.

같은 말이면 "건강하고 즐겁게 사셔야지요."까지는 아니더라도 "해로운 줄 알면 참으세요." 하는 정도의 말이라도 했다면 좋았을 걸. 의사는 주사와 약으로 병을 치료하는 것 못지않게 환자의 마음을 어루만지고 환자의 입장에서 배려하는 인간적인 소양이 필요한 것이 아닐까?

술도 엄연히 음식이다. 술을 마신다는 것이 무슨 범죄행위도 아니고 도덕적으로 크게 지탄받을 일도 아니다. 어느 통계에서 우리나라 사람들 1년간 술 소비량을 본 일이 있다. 2홉들이 소주 29억 1천만 병, 4홉들이 맥주 35억 4천만 병, 위스키 2병 등이었다.

(2013년 인구 4,760만 명 기준)

통계에 따라 약간의 차이는 있지만 거의가 대동소이했다. 우리 국민들이 가장 선호하는 소주만 가지고 계산해 보았다. 위의 통계를 인구수로 나누어보면 국민 1인당 1년에 61.1병을 마신 셈이다. 여기에서 술을 아예 못 마시는 사람, 마실 수 없는 초 고령자, 어린 아이, 입원 환자, 교도소 재소자 등을 제외하면 1인당 술 소비량은 훨씬 더 늘어난다. 대략 인구의 절반이 술을 마셨다고 가정하면 국민 한 사람이 1년에 소주 120여 병, 한 달에 10병 이상을 마신 셈이다.

우리 국민의 술에 대한 정서는 특별하다."한 잔 하세." 하는 말은 친근감의 표시다. 좋은 일이 있어도, 나쁜 일이 있어도 술이 따라간다. 예부터 관 · 혼 · 상 · 제에 술이 빠진다는 건 생각할 수도 없다. 중국은 더하다. 동양에서 술에 관한 한 중국을 따를 수 없다. 그 종류가 셀 수도 없이 다양하고 알코올 도수도 높다. 사마천司馬遷은 《사기史記》에서까지 술의 필요성에 대하여 기술하고 있다.(임금과 신하, 벗과 벗 사이에도 술이 아니면 의리가 두터워지지 않고, 싸움을 하고 서로 화해함에도 술이 아니면 권하지 못할 것이다.
(-君臣朋友非酒不義 鬪爭相和非酒不勸)

그렇다고 내가 술 예찬론자도 아니고 술 없이는 못 사는 알코올 중독자는 더욱 아니다. 나는 위의 통계에서 본 바와 같이 우리 국민의 많은 부분을 차지하는 음주 인구 중의 한 명일 뿐이다.

물론 술의 부정적인 측면도 잘 알고 있다. 그러면서도 특별한 즐거움이 있어 술을 마신다. 그러나 그 즐거움을 여기에서 장황하게 늘어 놓고 싶지는 않다. 하지만 내가 술을 마신다는 사실 자체만 가지고 크게 비난받거나 모욕을 당할 이유는 없다고 본다.

나이 젊은 의사에게 심한 모욕을 당한 것 같아 이리도 마음에 맺혀 있는 건 단지 나의 수양이 부족한 때문일까….

버리지 못해서

세상 일이 모두 내 뜻대로만 되지는 않는다.

이 말은 너무도 당연하고 싱거워 새삼스럽게 논할 거리가 못 된다. 하지만 무슨 대단한 일도 아니고 촌락에서 이대로 그냥 살고 싶다는 극히 소박한 희망마저 내 뜻대로 못 한다니 말이 되는 소린가.

10년 전, 서울에서 시골 소읍으로 옮겨 살게 되자 마음이 한가롭고 편안해서 좋았다. 거리에 나가도 사람들과 부딪치거나 떠밀려가는 복잡한 일도 없고 해찰을 부리며 싸목싸목 걸어도 되었다.

특히 동네 뒤에 솔숲 우거진 산이 있어 솔바람 소리 새

소리 들으며 봄 가을이면 야생화 향기에 흠뻑 취해서 지내고, 언덕배기 텃밭에 소소한 작물을 가꾸는 재미도 쏠쏠했다.

병원에 가면 수더분하게 생긴 간호사가 이름도 묻지 않고 싱긋 웃으면서 혈압 재고 열 체크하고 원장의 진료를 받는 과정이 척척 이루어진다. 환자가 드문드문하니 오래 기다리는 지루함도 없다.

미장원 '빗과 머릿결'의 된장 뚝배기 같은 미용사는 말하지 않아도 머리를 내 마음에 꼭 들게 커트해 준다. 하나 있는 해장국 집에서는 내가 들어가면 해장국 외에 따로 주문하지도 않은 막걸리 한 사발과 청양고추를 내온다. 시골은 이렇게 편리한 일상이 되기까지 1년도 채 안 걸린다.

이사하는 걸 나는 완강히 반대했다. 다시 서울에서는 살기 싫다. 고추 호박 심고, 등산 낚시하면서 이 산자락에서 자연인으로 살고 싶다, 기어코 이사를 한다면 차라리 셋방 하나 얻어서 나 혼자 여기서 살겠다고 협박성 발언까지 해봤다. 집안 어른인 내가 이렇게 반대하면 모두 따를 것으로 여겼다. 그런데 그게 아니었다. 아내와 아들 딸이 합세하여 공략을 해오니 나 혼자서는 역부족이었다. 명분이야 그럴 듯했다. 아내는 지금의 아파트가 너무 오래되어 구질구질하다고 깨끗한 새집에 가서 만년晩年을 보내고 싶다 했고, 아들과 딸은 나이 많은 부모가 멀리 시골에 떨어져 있어 갑자기 크게 아프시기라도 하면 어쩌나 하고 늘 불안하다는 것이다. 하지만 나로서는 10년도 넘게 살면서 정든 아늑한 마을을 버리고 떠나기는 정말 싫었다.

내 생각과는 상관없이 아내가 바쁘게 움직였다. 집을 내놓고, 새집을 보러 날마다 서울로 가고, 여기저기 가구점에 값을 알아보고….

그러더니 드디어 새로 이사 들어갈 집 매매계약을 마쳤다면서 마음에 쏙 드는 집을 싸게 샀다고 희희낙락했다. 바로 외동딸 연이가 살고 있는 동네라고 했다. 나는 속으로 “흥! ” 하고 고개를 외로 틀었다. 알고 보니 거기에는 은근한 음모가 숨어 있었다. 그 음모의 주인공은 바로 연이였다. 연이는 지금 다섯 살 난 아기를 둔 맞벌이 부부다. 아기 돌보미를 둔다지만 친정 엄마가 곁에서 도와주는 것만큼 마음 든든할 리는 없을 터. 내가 이사가기 싫다고 했을 때 연이가 내 팔을 잡고 흔들며 나이 들면 자식들 가까이에서 살아야 한다고 엉너리를 부릴 때부터 제 딴에는 속셈이 있었던 것이다.

가만히 생각해 보았다. 일은 이미 정해졌으니 내가 마음을 바꾸자. 괜히 몽니를 부릴 일이 아니다. 대세를 파악하고 시무時務를 아는 자가 현명한 자다. 항우의 역발산기개세力拔山氣蓋世도 민심을 거스르고서는 아무런 일도 할 수 없었던 것 아닌가.

그러나 결코 마음이 편치는 못했다. 나 스스로를 합리화시키기 위해서 내 나름대로 이사를 해야 하는 명분을 만들어냈다. 첫째, 시골에 이사오자마자 큰 수술을 두 번씩이나 받은 건 집터가 안 좋기 때문이다. 둘째, 신촌 수필교실에 가려면 새벽부터 일어나 서둘러야 하니 고달프다. 셋째, 아직은 시골에 파묻혀 보내기에는 너무 아까운 내 인생이다.

이렇게 자위하고 나자 마음이 조금은 편해진 듯했다.

버리고 갈 물건들을 고르기 시작했다. 신발이며 옷가지들은 말할 것도 없고 소파, 침대, 냉장고, 세탁기 등 다 버려도 좋지만 문제는 책이었다. 나에게 보물이라고 할 만큼 희귀한 고서古書도 없으니 특별히 문제될 것은 없었다.

그동안 모아 두었던 정기 구독물이며 잡다한 소설류와 수필집 등은 선별해서 과감하게 버리기로 했다. 그러나 아무래도 버릴 수 없는 게 있었다. 세계문학전집과 한국문학전집 각 36권, 도합 72권. 그 부피와 무게가 보통이 아니었다. 삼성당三省堂 발행 82년도 판으로 가격 504,000원.

이 책을 아내는 미련 없이 버리겠다는 것이다. 82년도 시세로 80kg 들이 쌀 한 가마에 62,374원(한은 경제통계시스템 자료), 내 봉급은 확실치 않지만 20만 원이 채 못 되었다. 그때 큰맘 먹고 월부로 샀던 책이다. 애착이 너무 컸다. 읽지 않고 바라보기만 해도 마음 흐뭇한 나의 장서藏書 중의 하나다. 당시에는 아내도 무척 좋아했었다. 그런데 버리다니! 그 매정함에 아내의 얼굴이 문득 낯설어 보였다.

어느 날 갑자기 남편과의 정情도 저리 쉽게 끊을 수 있을 것 아닌가. 왈칵 무섬증이 들기까지 했다. 달래고 큰소리쳐 봐도 소용이 없었다. 어찌나 울화가 치미는지 우리 집에서 버려야 할 것은 오직 나이 많은 여자 하나뿐이라고 쏘아 붙이고 싶었지만 차마 그러지는 못했다. 뒷일을 감당할 자신이 없었다. 하지만 나도 지지 않았다. 부득부득 우겨 기어코 그 문학전집을 가지고 이사를 했다.

새로 이사한 집에서 그 문학전집이 또 문제가 되었다.

짐을 정리하던 아들 딸 며느리가 책들을 무겁게 나르면서 모두 한 마디씩 하는 것이었다. 요즘 이런 책을 누가 읽느냐고. 아버님 시력도 안 좋으신데 활자가 작아서 볼 수도 없고 괜히 자리만 차지한다고.

거기에 아내까지 가세하여 집중공격을 해대니 나의 처지는 또 한 번 고립무원이었다. 그 참담한 심사라니….

일찍이 법정法頂 스님이 그의 저서《버리고 떠나기》에서 말한 바 있다.

"버리고 비우지 않고서는 새것이 들어설 수 없다. 버리고 떠나는 일은 새로운 삶의 출발로 이어진다."

나 또한 옛 것에 대한 애착을 접고 과감히 버려야 하는 걸 그러지 못했다. 비단 책뿐만 아니라 시대에 맞지 않은 나의 고루한 사고방식까지도 모두 미련 없이 버릴 일이다.

새로운 삶의 출발을 위해서.

5월이 오면

올해도 싱그러운 계절 5월은 어김없이 찾아왔다. 모두들 산으로 들로 내달리면서 풋풋한 향기에 환호성을 지른다.

하지만 이때만 되면 나는 누를 길 없는 무거운 슬픔 덩어리 하나가 가슴속에서 꿈틀거려 견디기 어렵다.

대학에 들어가서 처음으로 사귄 친구가 같은 과에 다니는 Y였다. 그때 그는 2학년이었지만 나이는 나와 동갑으로 훤칠하게 큰 키에 과묵한 성격이었다. 미소 짓는 얼굴 표정이 무척이나 순박해서 단번에 정이 가는 친구였다. 그 역시 나처럼 시골 출신으로 일찍 아버지를 여의었고 나는 어려서 어머니를 잃은 공통점이 있었다. 우리는 어쩌다가 돈이 조금 있으면 왕대포 집에를 갔다. 그럴 때는 홍어회 한 접시에 막걸리 한 주전자를 앞에 놓고 두서없는 이야기를 한없이 떠들어대곤 했다. 그때 무슨 말을 했는지 지금은 다 잊었지만 주로 세상 돌아가는 이야기와 앞으로의 진로 문제가 아니었나 싶다. 당시 그와 나는 막걸리 집에 갈 수 있는 돈도 없는 때가 많았다. 하지만 우리는 다 같이 고등고시의 꿈을 가지고 있었다.

시골 그의 고향에를 가기도 했다. 그의 고향은 전라도 남쪽 한 바닷가 작은 마을이었다. 내가 갔을 때 동네 앞 보리밭에는 누렇게 익은 보리가 5월의 훈풍에 물결치고 있었다. 그의 집에는 칠십이 넘은 그의 어머니가 혼자 살고 계셨다. 후덕하고 조신操身하게 보이는 어머니는 나를 무척이나 반겨주셨다. 우리는 그의 어머니가 저녁 준비하는 걸 보면서 동네 주막으로 갔다. 주막이라고 해야 일반 여염집이나 다를 게 없었고 손님도 우리 둘 뿐이었다. 그 주막 툇마루 기둥에 입이 크고 험상궂게 생긴 생선 한 마리가 걸려 있어 물어보니 순박하게 생긴 처녀가 "악구라요" 하고 무뚝뚝하고 붙임성 없이 대답했다. 알고 보니 아귀였는데 나는 그때 아귀라는 생선을 처음 알았다. 그 당시만 해도 지금처럼 '아귀찜'이니 '아귀매운탕'이니 하는 음식이 흔하지 않은 때였다. 우리는 그 아귀매운탕을 안주로 해서 막걸리를 마시기 시작했다. 둘이 얼마나 마셔댔는지 눈을 떴을 때는 어스름 새벽이었고 주막집 방이었다. 나중에 들으니 그의 어머니가 두 번이나 다녀갔다는 것이다.

Y는 말단 공무원인 그의 형님 집에서 학교를 다니고 있었는데 그 형님의 사는 형편이 넉넉지 못했다. 상하방 전세에 아이들이 셋이나 되었다. 그 틈새에 얹혀 있자니 늘 미안하고 거북스러워했다. 하지만 시골에서 혼자 사는 어머니에게는 어떤 도움도 바랄 수가 없었다. 나의 경우도 Y보다 나을 게 없었다. 나는 입주제 가정교사를 하면서 학교에 다니고 있었던 것이다. 이런 여건이 우리 두 사람의 정을 더욱 두텁게 했다. 동병상련同病相憐의 심정이었을 것이다.

대학 졸업 후 Y와 나는 다 같이 공무원이 되어 나는 서울에서, 그는 목포에서 근무하고 있었다. 결혼도 같은 해에 했고 그는 딸을, 나는 아들 하나를 두고 있었다. 거리가 멀어 자주 만나지는 못했지만 전화 연락은 수시로 하고 지냈다. 그와 내가 다 고등고시의 꿈은 이루지 못 했어도 경제적으로 자립해서 가정을 이루고 있어 한결 여유로웠다.

어느 해였던가. 여름휴가 날짜를 서로 맞추어 우리 두 가족이 완도 명사십리 해수욕장에 가서 며칠간 놀다 오자는 약속도 해놓고 있던 터였다.

그가 또 전화를 했다. 자기 딸과 우리 아들이 동갑이니 사돈을 삼자는 것이다. 나는 그냥 웃고 말았는데 그게 내가 들은 그의 마지막 목소리였다. 그 후 얼마 안 있어 그의 아내에게서 전화가 걸려왔다. 그녀는 흐느끼느라 말을 제대로 이어가지 못했다. 띄엄띄엄 들리는 소리는 Y가 저 세상으로 가버렸다는 것이다.

5월이었다. 광주에서 목포로 가는 도로 주변에 아카시아 꽃이 많아 어느 양봉업자가 도로가에 벌통을 줄줄이 놓아두었는데 Y가 탄 버스가 그 벌통을 피하려다 대형 사고를 냈다고 했다. 그의 딸이 두 살 때였다.벌써 수십 년이 지났지만 순박하게 웃던 모습이 지금도 눈에 선하다. 아무리 그리워도 다시는 볼 수 없는 친구, 키가 커서 걸음을 걸을 때는 상체가 흔들거리던 그 친구가 몹시도 그립다.

계절의 여왕 5월, 온 천지가 꽃향기로 넘쳐나고 새들의 노랫소리 즐거운 5월은 그때 나의 친구 Y와 함께 영영 가버리고 말았다.

해마다 5월이 오면 더욱 가슴이 저리다.

홀딱벗고새 이야기

산악회에서 한북정맥을 종주하기로 하여 한강봉 정상을 향해 오르던 중이었다. 가까운 곳에서 홀딱벗고새가 요란하게 울어대고 있었다. 앞서 가던 회원이 발을 멈추고 돌아서며 물었다.

"어이 자네들, 저 새가 뭐라고 하면서 우는지 알아?"

누가 미처 대답도 하기 전에 그가 다시 말했다.

"잘 들어봐, 홀딱벗고~ 홀딱벗고~ 하지 않아? 그래서 저 새 이름이 홀딱벗고새라네."

듣고 있던 사람들 모두 한바탕 웃음바다가 되었다. 가만히 귀 기울여 들어보면 꼭 그렇게 우는 것 같다. 한번 그리 생각하면 아무리 다른 소리로 들으려고 해도 안 되고 '홀딱벗고' 로만 들린다.

오뉴월에 산에 가면 그야말로 새들의 낙원이다. 오르다가 힘겨워 땀을 식히려고 나무그늘에 앉아 쉬고 있으면 솔솔 불어오는 바람결에 상큼한 솔잎 향기가 콧속으로 스며들고 온갖 새 소리가 들려와 가슴을 시원하게 해 준다. 그 중에서도 뻐꾸기와 꾀꼬리가 다른 새 소리들을 압도하고 단연 으뜸인데 여기에 홀딱벗고새도 지지 않고 제몫을 다 한다.

뻐꾸기 소리는 단조로우면서도 어쩐지 청승맞고 처량한 느낌을 주고, 꾀꼬리는 경쾌하고 빠르게 휘감아 넘기는데 홀딱벗고새는 익살맞고 장난스럽게 들린다.

다소 선정적인 느낌을 주는 이름을 가진 이 새의 조류학鳥類學상의 이름은 검은등뻐꾸기다. 뻐꾸기목 두견과에 속하는 뻐꾸기의 일종인데 오뉴월에 산속에서 그 소리를 들을 수 있는 희귀한 여름철새로 우는 소리가 특이해서 홀딱벗고새란 이름이 붙었다.

이 새는 울음소리를 네 음절로 또박또박 띄어서 내는데 앞의 세 음절은 높게, 뒤의 한 음절은 낮게 낸다. 그 울음소리는 듣는 사람마다 제각각이다. 어떤 사람은 '카.카.카.코'

로 들린다 하고, 또 어떤 사람은'홀.딱.벗.고'로 들린다고도 한다. 사람들 대부분은 그냥 홀딱벗고새라고 부르고 있다.

나에게도 '홀딱벗고'로 들리는 건 처음부터 그렇게 듣기 시작한 선입견 때문일 것이다.

이 새는 좀처럼 눈에 띄지 않는다. 바로 머리 위에서 소리가 나는데도 눈에 보이지는 않는다. 왼쪽에서 우는가싶어 돌아보면 또 오른쪽에서 소리가 난다. 지금까지 산에 다니면서 소리는 많이 들었지만 그 모습을 본 적이 없다. 우는 소리와 연관지어 생각해보면 그럴 듯하다는 생각이 든다.

정말 홀딱 벗고 있어 부끄러워 몸을 숨기고 나타나지 못하는 것일까? 요즘 같이 더운 여름철에는 사람들이, 특히 여자들이 더 맨몸 내보이기를 좋아 하는 것 같다.

거리에서나 전철에서 보면 아예 벗다시피 하고 다니는 사람들이 얼마나 많은가. 배꼽티라는 옷을 입고 배꼽 밑에까지 아슬아슬하게 내어 놓고 다니는 여자들이 있는가 하면, 레깅스라고 하는 얇은 내복 같은 옷 위에 다른 옷을 걸치지도 않고 다니는 경우가 있어 화제가 되기도 했다.

무대에서 춤추는 댄서들이야 전 국민이 보는 가운데 홀딱벗고 있다시피 한다지만 길거리나 전철 안을 무대와 같이 생각해서는 안 될 일이다.

이 새는 또 우울한 전설도 가지고 있다. 불도佛道에 열심히 정진하지 않고 게으름만 피우다가 죽은 스님의 넋이 이 새로 환생했다는 것이다. 그래서 일찍이 원성스님이란 분이 이 새소리를 두고 글을 쓴 적이 있다.

홀딱벗고 마음을 가다듬어라,
홀딱벗고 아상(我相)도 던져버리고,
망상(妄想)도 다 지워버리고,
욕심도 성냄도 어리석음도 홀딱벗고 정신 차려라,
나처럼 되지 말고 성불하여라,
모든 상념을 다 홀딱벗고….

우매한 중생이 번뇌의 바다에서 벗어나 오욕칠정五慾七情을 버리고 해탈解脫의 경지에 들기가 얼마나 어려웠으면 이런 이야기까지 생겨났을까. 그렇게 생각하니 그 새 소리가 익살맞거나 재미있게 들리지 않고 오히려 마음이 숙연해진다.

밤꽃 단상斷想

건너다보이는 산에 지금 밤꽃이 한창이다. 아직은 연초록인 산자락 군데군데 노르스름한 빛으로 피어있는 그 모습이 정겨워 고향 뒷산을 연상케 한다. 고향 뒷산에도 밤나무가 많았다. 밤꽃은 색깔이 특별히 튀거나 현란하지 않고 은은해서 좋다. 얼마 전까지만 해도 산벚꽃이 만개하여 환하게 꽃등을 밝혔는데 지금은 밤꽃이 그 자리를 대신하고 있다.

어렸을 때, 밤송이가 벌어지는 가을이 되면 알밤을 줍는다고 날이 새기도 전에 뒷산으로 달려가곤 했다. 온 동네 아이들이 다 모여들어 한 개라도 더 주우려고 부산을 떨었지만 기껏해야 한쪽 호주머니를 겨우 채울 정도였다.

밤꽃은 봄꽃 중에서도 늦둥이다. 개나리 진달래 등 일찍 핀 꽃들이 다 지고 청승맞은 뻐꾸기 소리를 실어오는 훈풍에 억새밭이 일렁이면 그제야 피기 시작한다.

밤꽃을 보고 있으면 콩고물이 연상된다. 노르스름하고 희끄무레한 빛이 꼭 콩고물 색깔을 닮았다. 사실 밤꽃은 꽃다운 데가 없다. 꽃이라면 으레 고운 색채에 꽃잎과 수술 암술을 연상하게 되는데 밤꽃은 그런 게 없다. 목련처럼 우아한 품위라든가 장미 같이 화려한 자태와는 아예 거리가 멀다. 마치 길쭉한 막대기에 콩고물을 잔뜩 묻혀 놓은 듯한 생김새다. 금방이라도 콩가루가 우수수 쏟아질 것만 같다.

손으로 비비면 실제로 약간 노란 가루 같은 것이 떨어진다. 길쭉하고 흐물거리는 게 꼭 벌레 같이 징그럽게 생겼다고 싫어하는 사람도 있다.

밤꽃은 그 냄새로 해서 명예롭지 못한 이야깃거리가 되기도 한다. 나는 그저 좋기만 한 냄새다. 달콤하고 은근하고 훈감한 느낌을 준다. 그런데도 어떤 사람들은 음탕하고 축축하고 얄궂은 냄새가 난다는 것이다. 그래서 예로부터 밤꽃이 필 때는 부녀자가 외출을 삼가야 한다든가, 혼자 사는 여인 주변에 밤나무를 두어서는 안 된다는 말도 있었다.

심지어는 처녀가 밤꽃 냄새를 맡고 얼굴이 붉어지면 다시 봐야 한다고 말하기도 했다. 밤꽃의 향기에 대해서 대단히 야하고 강력한 유혹의 이미지로 인식하는 풍조가 있었던 것이다.

내 고향 어느 마을에 '정 참판 댁'이라 부르는 기와집이 있었다. 어느 때 누가 참판을 지냈는지 알 수 없지만 모두들 그렇게 불렀다. 가세가 많이 쇠락하긴 했어도 아직은 상머슴과 꼴머슴까지 두고 있었다. 가난한 집에 초상이 나거나 산고가 들면 쌀말이나 미역가닥을 보내곤 해서 칭송을 받았다. 인심 후하기로 이름난 집이었다.

어느 땐가 참판 댁 둘째 며느리가 40대에 혼자되어 있었는데 집 뒤 밤나무 가지에 목을 매는 사건이 일어났다. 5월 중순 경, 밤꽃 향기가 진하게 퍼질 무렵이었다. 그로부터 온 동네에 소문이 퍼졌다. 그 집 머슴이 둘째 며느리 방에서 나오는 걸 본 사람이 있다는 소문이었다. 그게 다 밤꽃 냄새 때문이었다는 것이다. 그 일이 있고나서 집 근처에 있는 밤나무들이 수난을 당했다. 내가 태어나기도 전에 생긴 일이라고 했다.

밤 열매는 3중으로 철저하게 포장된 속에 순백의 알몸을 감추고 있다. 특히 겉에는 날카로운 가시로 무장하고 있어 함부로 접근하는 것을 절대 불허한다. 가시 안쪽으로는 단단한 갑옷을 두르고, 그러고도 또 엷은 속옷으로 감싸고 있다. 마치 절개가 송죽 같이 꿋꿋하고 정조 관념은 철석 만큼이나 단단한 여인의 매무시다.

그 열매를 길러내기 위한 꽃이 밤꽃이다. 그러한 밤꽃에 대해서 끈적끈적한 유혹의 이미지로 인식하고 그토록 부정적이고 불결한 속설이 전해지는 것은 황당하다는 생각이 든다.

밤꽃이 피는 시기는 좋은 계절이다. 날씨는 포근하고 바람은 감미로워 누구라도 그냥 잠들기 아까운 밤이 된다.

나이 젊은 사람이라면 그 분위기에 한 번쯤 빠져들고 싶은 충동을 느낄 만하다. 연인들이 동네 근처 숲속에서 서로의 사랑을 확인하는 것은 극히 자연스러운 일이다. 그럴 때 훈훈한 바람을 타고 어디선가 풍겨오는 밤꽃 향기는 두 사람의 사랑을 더욱 뜨겁게 달구었을 것이다. 아마도 밤꽃에 얽힌 속설은 이런 이유 때문에 생겨나지 않았을까 싶다.

정 참판 댁 둘째 며느리의 이야기가 어디까지 사실이고 어디까지가 꾸며낸 이야긴지 알 길은 없다. 설사 그것이 사실이라 할지라도 나는 밤꽃 피는 계절이 좋고 그 향기가 달콤하다. 밤꽃을 보면 내 고향 뒷산이 눈에 선하게 떠오르고 밤나무 밑에서 뛰어다니던 친구들이 그리워진다.

강아지 파는 노인

2호선 전철 신촌역 1번 출구를 나서면 길가에 앉아 강아지를 파는 노인이 있다. 종이 박스를 펴놓고 장난감 강아지 서른 마리 쯤을 석 줄로 정렬해 두고 5.000 원이라고 적어 놓았다. 그리고 강아지 한 마리는 길바닥에서 걸어다닌다.

제법 고개를 까닥까닥하면서 걸어가다가 꼬리를 착 내리고 꾸벅 인사를 한다. 그리고는 벌렁 드러누워 배를 드러내 놓고 재롱을 부린다. 그 모습이 무척 귀엽고 재미있다. 하지만 그걸 볼 때마다 나는 마음이 조마조마하다. 오가는 사람이 분주한 곳인데 아기 주먹 만큼 작은 강아지가 지나가는 사람의 발에 밟힐 것만 같다. 실제로 발길에 채여 굴러

가기도 한다. 그런데도 노인은 한 마리를 꼭 길에서 걸어 다니게 놓아 둔다.

그 노인을 처음 본 건 지난여름이었다. 매주 화요일마다 나가는 수필 교실에 가려고 전철에서 내려 걸어가는데 뭐가 발에 걸려 내려다보니 장난감 강아지였다. 내 발에 채인 강아지는 저만큼 굴러가 뒤집어져 있었다. 나는 얼른 강아지를 주워서 노인 앞에 놓으며 허리를 굽혀 미안하다고 사과했다. 그런데도 노인은 이렇다 저렇다 말 한 마디 없고 표정도 변하지 않았다. 그때부터 그곳을 지날 때는 노인과 강아지를 유심히 보는데 여름부터 겨울이 되어가는 지금까지 그대로다.

줄잡아도 팔십은 되어 보이는 나이. 색이 바랜 빨간 모자, 허름한 미색 점퍼와 검은 바지에 흰색 비닐 구두를 신고 있다. 윤기 없이 핼쑥한 얼굴에 작은 체구로 움츠리고 앉아 있는 모습이 초라하다. 언제나 변화 없는 표정, 웃거나 말하는 걸 본 적이 없다.

1주일에 한 번씩은 반드시 그곳을 오가며 그 노인을 본다.

이제는 아예 한참씩 서서 걸어다니는 강아지와 굳은 듯이 앉아 있는 노인을 관찰하기도 한다. 그러다 보면 궁금증이 인다.

아침 아홉시 이전부터 나와 있는데 아침 식사와 점심은 어떻게 해결하는 것일까? 또 아내가 있는지 아니면 독거노인인지, 자식들은 없는지, 혹은 있어도 돌보지 않고 내팽개친 건 아닌지 궁금하다. 하도 험한 세상이다 보니 나이 많은 노인을 만나면 예사로 보이지 않는다. 우스갯소리겠지만 기가 막히는 이야기가 있다.

늙어서 자식 있어도 돈 없으면 굶어서 죽고, 돈 두고도 자식에게 안 주면 맞아 죽는다는 것. 실제로 남매가 서로 짜고 고령의 아버지를 처참하게 살해한 사건이 얼마 전에 있었다. 그 살해 이유가 아버지가 살고 있는 집을 자기들에게 물려주지 않아서였다는 것이다. 이게 어찌 남의 일이기만 할까 싶어 소름이 끼친다. 불현듯 며칠 전 TV에서 보았던 뉴스 하나가 떠올랐다. 요즘 부쩍 늘어나고 있는 고령층의 사회 문제에 대하여 보도하고 있었다. 어떤 노인이 법원에 자기 아들을 상대로 친생자관계 부존재확인소송親生子關係不存在確認訴訟을 제기했다는 것이다. 호적상으로는 엄연히 부양 가능한 자식이 있지만 연락조차 끊고 돌보지 않는데도 기초생활 수급대상자 혜택을 받을 수 없기 때문이라고 했다. 생활 능력은 없고 국가에서 주는 기초생활 지원비라도 받아야겠는데 공부상에 있는 자식이 걸림돌이니 그 걸림돌을 제거해 달라는 서글픈 소송이었다. 더구나 이제 초겨울로 접어들어 날씨가 제법 쌀쌀한데 노인의 입성이 추워 보인다. 한겨울이 되면 또 어쩌나. 더 딱한 것은 단 한 번도 누가 강아지를 사는 걸 본 적이 없다. 생활이 궁핍할 것이 틀림없는데 저래 가지고 어떻게 살아갈까 싶다.

그 날도 수필교실로 가는 길에 강아지를 보고 있었다.

그 때였다. 30대로 보이는 젊은이가 사무용 가방을 들고 바쁜 걸음으로 가다가 길에서 걸어다니고 있던 강아지를 걷어찼다. 강아지는 큰길까지 날아갔고 지나가던 승용차에 치여 납작하게 되고 말았다.

순간, 노인이 벌떡 일어서서 놀란 얼굴로 큰길을 바라보았다. 젊은이는 그걸 알지도 못한 채 횡단 신호도 아랑곳없이 길을 건너 버스 정류장으로 뛰어갔다. 노인의 핼쑥한 얼굴이 우그러들었다.

나 역시 깜짝 놀라서 바라보고 있었다. 그런데 예기치 않은 일이 일어났다. 젊은이를 뒤따르던 서른 살쯤 되는 여자가 되돌아오더니 만 원짜리 한 장을 노인의 손에 쥐어주었다. 그리고는 차에 치여 뒹굴고 있는 강아지를 주워가지고

잰걸음으로 길을 건너갔다. 노인은 얼떨결에 돈을 받고 여자와 돈을 번갈아 보다가 우그러들었던 얼굴이 환하게 펴졌다. 건너편 정류장에 도착한 젊은 남녀가 이쪽을 보며 손을 한 번 흔들고는 버스에 올랐다. 두 사람은 부부간이거나 연인 사이인 듯했다.

나는 강아지가 팔리는 걸 그때 처음 보았다. 그것도 갑절이나 비싼 가격으로.

인과응보

추석을 며칠 앞둔 햇볕 좋은 날, 챙 넓은 모자에 배낭을 메고 아내와 함께 집을 나섰다. 며칠 전부터 아내가 산밤을 주우러 가자고 졸랐었다. 추석에 차례 상에도 올리고 애들이랑 구워 먹기도 한다는 것이다. 우리 집 뒷산은 밤나무와 도토리나무로 우거져 있다. 가을이 깊어지면서 산에서 내려오는 사람들이 배낭에 밤을 두둑하게 담아 짊어지고 오는 것을 자주 보았지만 별로 좋게 보이지 않고 욕심도 나지 않았다. 초가을에는 도토리를 줍는다고 부산을 떨더니 도토리가 끝나자 또 밤을 줍기 위해 이른 새벽부터 극성을 부렸다. 땅에 떨어져 있는 것만 줍는 게 아니었다. 몽둥이나 돌로 나무를 두들겨 패서 밤을 떨어뜨렸다. 그런 상처 자국을 흉측하게 내보이고 있는 밤나무가 흔했다. 이 산에는 다람쥐가 많은데 저렇게 도토리나 밤을 다 가져가버리면 어쩌나 싶은 생각에 영 마땅치가 않았다. 아내가 조르는 바람에 나서기는 했지만 밤 줍는 데는 별 관심이 없고 가을 소풍이나 하자는 생각뿐이었다.

청명한 날씨, 눈이 시리도록 푸른 하늘, 목화송이 같은 구름이 유유히 떠가는 정경이 아름답다. 나뭇가지 사이를 넘나들며 지저귀는 산새들이 정겹고, 저 건너 비탈진 밭에서 일하는 농부들의 모습이 평화롭다.

한편으로는 밤을 줍지 못하고 허탕을 치면 아내가 실망할까봐 걱정이 되기도 했다. 앞장서서 풀숲을 헤치며 커다란 밤나무 밑으로 들어갔다. 곧 이어 아내의 탄성이 울렸다. 풀밭에 초콜릿 색깔의 탐스런 밤들이 여기저기 흩어져 있었다. 아내는 벌써 이리저리 뛰어다니면서 밤을 줍느라 정신이 없었다. 나 역시 마찬가지였다. 다람쥐의 겨울양식 걱정 같은 건 생각나지도 않았다. 밤 줍는 사람들을 곱지 않은 눈으로 흘겨보던 나 자신은 어디로 사라져버리고 말았다.

부지런히 밤을 주워 담다가 고개를 들어 나무 위를 쳐다

보니 쩍쩍 벌어진 밤송이들이 주렁주렁 매달려 있었다.

올라가서 흔들기만 하면 대박이 날 것 같았다. 수술한 허리에 안 좋으니 올라가지 말라는 아내의 말을 무시한 채 밤나무 위로 올라갔다. 가지를 흔들어대자 우수수, 툭툭, 알밤이며 밤송이며 가릴 것 없이 마구 쏟아졌다. 이건 정말 대박이었다. 힘 든 줄도 모르고 가지 흔들기에 열중하고 있는데 밑에서 아내의 자지러지는 비명소리가 들렸다. 밤송이 하나가 어깨에 떨어졌다는 것이다. 그래도 나는 밤 쏟아지는 재미에 "고것 참 쌤통이다." 하고 놀리면서 가지 흔들기를 계속했다. 밑에서는 "자기 얼굴에나 하나 떨어져라." 하는 소리가 들려왔다.

한참을 가지 흔들기에 열중하고 있는데 뒷목이 바늘로 찌르는 것처럼 아픈 게 아닌가. 깜짝 놀라 뒤를 돌아다 본 순간 정신이 아찔했다. 거기에는 커다란 벌집이 대롱대롱 매달려 있고 벌들이 떼로 몰려 나와 이미 내 주위를 맴돌며 공격을 시작하고 있었다. 얼굴, 어깨, 팔 등 온몸을 쏘아대는데 정신을 차릴 수가 없었다. 우선 아내에게 땅에 납작 엎드리라고 소리 지르고 모자를 얼굴까지 푹 내려 쓰면서 나무를 껴안고 미끄러져 내렸다. 나무에 긁혀 팔과 배에서 살이 찢어지는 아픔이 왔지만 그걸 따질 겨를이 없었다.

땅에 엎드려 고개도 못 들고 있다가 한참이 지난 후에야 위를 쳐다보니 벌들이 보이지 않았다. 아픈 걸 참고 벌집을 힐끔힐끔 올려다보면서 밤을 주워 담았다. 또 나무 위로 올라갈 생각은 나지 않았다.

밤을 짊어지고 돌아오다 길가에 앉아 쉬면서 살펴보니 밤송이에 맞은 아내의 어깨는 시뻘겋게 피멍이 들고, 벌에 쏘인 나의 왼쪽 눈두덩이 부어올라 눈을 뜨기조차 거북하고 팔과 배에서는 피가 났다. 아내가 빈정댔다.

"흥! 내가 밤송이에 맞으니까 쌤통이라더니 자기는 깨소금이네."

온몸이 아프고 쓰려 죽겠는데 약을 올리는 것이다.

그래, 인과응보다. 어렸을 때의 기억 하나가 떠올랐다.

초등학교에 가는 길모퉁이에 땅벌집이 있었다. 땅벌은 수백 마리가 모여 굴을 파고 사는데 몸체는 작아도 쏘이면 엄청나게 아프고 통증도 오래 간다. 저만치서 사람이 오는 걸 보고 돌을 몇 개 던져 벌집을 건드려 놓는다. 언덕 뒤에 숨어 엿보고 있으면 멋모르고 오던 사람이 벌들의 습격을 받고 혼비백산하여 도망치는 걸 보며 즐거워했었다. 그 죄업이 어디 가랴. 오늘 내가 그 대가를 톡톡히 받은 것이다.

또한 아내가 밤송이에 맞았을 때 쌤통이라고 놀렸고 다람쥐의 겨울 양식 생각을 하지도 않고 밤 가져오기에 급급한 나에게 내린 벌이 분명했다.

집에 와서 밤을 쏟아 놓으니 그렇게 푸짐하고 오질 수가 없었다. 하지만 대가가 너무 컸다. 벌에 쏘이고 나무에 긁힌 상처가 아프고 수술한 허리에도 통증이 왔다. 무리하게 나무에 오르고 힘을 쓴 탓인지 온몸이 저리고 열이 나면서 심한 몸살을 앓았다. 다행이 벌은 독한 말벌이 아니어서 여러 군데를 쏘였지만 크게 탈이 나지는 않았다.

추석에 모인 아들 딸 녀석들이 밤을 구워 먹으면서 맛있다고, 더 많이 주워오지 그랬느냐는 것이다. 그 모습을 보고 있자니 아프던 상처가 말끔히 나은 듯한 기분이 되었다.

혼자 가만히 중얼거렸다.

"야 이놈들아, 그 밤을 어떻게 가져왔는지 알고나 먹어라."

하늘을 우러러

국회에서 정부 고위 공직 후보자에 대한 인사 청문회가 열리고 있었다. 한 국회의원이 어느 장관 후보자에게 물었다. 후보자께서는 직접 농사를 짓지도 않으면서 왜 농사를 짓는 양 '쌀 소득보전 직불금'을 수령했느냐고. 후보자가 답변했다. 지방에 논이 있어 주말이면 내려가서 직접 농사를 지었다고. 그러면서 또 당당하게 말했다.

"하늘을 우러러 한 점 부끄럼 없이 살았습니다."

하늘을 우러러 한 점 부끄럼 없이–.

이 얼마나 좋은 말인가. 윤동주 시인이 그의 《서시序詩》에서 이 말을 쓴 후로 사람들이 많이들 써먹고 있다. 하지만 윤동주 시인도 부끄럼 없이 살기가 얼마나 어려운지를 토로하고 있다. 잎새에 이는 바람에도 괴로워했다고. 20대의 젊은 시인도 그랬거늘 하물며 세상을 오래 살다보면 얼마나 부끄러운 일들이 많을까.

그런데도 사람들은 언제부터인지 걸핏하면 하늘을 우러러 한 점 부끄럼 없이 살았노라고 큰 소리를 땅땅 친다.

내가 살아온 길 되돌아보면 길목마다 구비마다 부끄러운 일들이 너무 많다. 윤동주 시인이 잎새에 이는 바람에도 괴로워했듯이 사소한 것들에도 부끄러움 투성이다. 중학교 3학년 체육시험 시간에 커닝을 했던 사실도, 경제적으로 어려운 친구 부부가 찾아왔다 돌아갈 때 여비를 주지 않고 그냥 보냈던 일도 지금 생각하면 부끄럽기 짝이 없다. 물건을 사고 가게 주인이 계산을 잘못해서 거스름돈을 훨씬 많이 내주었을 때 나는 그걸 알면서도 그냥 받아가지고 나왔다.

크고 작은 부끄러운 일들을 다 들추자면 한이 없다.

아무리 생각해도 내가 가장 부끄러운 일은 나에게 주어진 소중한 인생을 지금까지 너무 많이 낭비한 사실이 아닌가 싶다. 무슨 일에도 최선을 다하지 않았다. 학창시절에는 피골이 상접하도록 공부를 해본 적이 없고 직장에서도 남보다 잘하려고 애를 쓰지 않았다. 아무 것도 내놓을 만한 일을 해 놓은 것이 없다. 허구한 날을 술에 취하고 친구에 빠져서 허송세월했다. 글을 쓴다고 하면서도 남들이 기억할 만한 작품 하나 남길 자신이 없다. 입신출세로 부모의 이름을 나타내지도 못했으니 불효를 저질렀고, 나를 아끼는 일가친척 친구들의 기대를 저버리고 그들을 실망시켰다.

그래서 늘 부끄럽다.

어떻게 살아야 누구에게도 부끄럽지 않고 당당할 수 있을까. 고위 공직 후보자로 국회 인사 청문회에 나가는 몸이 되면 부끄럽지 않고 자랑스럽기만 했을까? 그것도 자신이 없다. 그렇게 높은 지위에 있었다면 나 역시 위장 전입, 부동산 투기, 아들의 병역 면제를 안 했으리란 보장이 없다.

농사를 짓지 않으면서도 시골에 논을 사 놓고 쌀 직불금을 받아 챙겼을 수도 있을 것이다. 온갖 비리를 저지르고 나서도 인사 청문회에서는 전 국민을 상대로 하늘을 우러러 한 점 부끄럼 없이 살았다고 거짓말을 했을지도 모른다.

그것은 오히려 더욱 부끄러운 일이다.

이래도 저래도 하늘을 우러러 한 점 부끄럼 없이 산다는 것은 나에게 너무도 어려운 일이다.

지난 날, 많은 부끄러운 일들이 있긴 하지만 그나마 사회에서 지탄받는 큰 잘못은 저지르지 않았다는 걸로 스스로 위로하는 수밖에 도리가 없다. 앞으로 작은 부끄러운 일이라도 저지르지 않고 살 수 있다면 그나마 다행이겠다.

영암떡

나는 그 할머니를 '영암 댁'이라 부르지 않고 '영암떡'이라고 부른다. 고향이 영암이라는 말만 듣고 그렇게 부르기 시작했는데 그녀가 듣기 좋다고 해서 고치지 않고 있다.

어릴 때 내가 살던 시골에서는 여자가 어느 동네에서 시집을 왔느냐에 따라 그 동네 이름을 따서 택호를 붙였는데 '만수동 댁' '한동 댁'이라 하지 않고 '만수동떡' '한동떡'하는 식으로 불렀다. 그래서 나도 그에게 '영암떡'이란 택호를 붙인 것이다. 그렇지만 그의 진짜 택호宅號가 무엇인지 또는 성씨姓氏가 무엇인지 조차도 모른다.

영암떡은 늙고 비쩍 마른 체구에 힘이라곤 없어 보이지

만 안 가는 곳이 없고, 밤에 잠 잘 때를 제외하고는 집에 붙어 있지를 않은 것 같았다. 오늘도 집에 들어오는 길에 쓰레기 분리수거장에서 쓰레기를 버리고 있는 그를 볼 수 있었다. 바닥이 좁아 손바닥만 한 시골 동네이긴 하지만 가는 곳 마다 그를 만나는 일이 흔할 정도로 많이 돌아다닌다.

이른 아침에 약수터를 가다보면 그는 어느새 약수를 받아 배낭에 짊어지고 휘청휘청 산길을 내려오고, 아파트 장날이면 또 거기서 콩나물이나 두부를 산다든지, 2km쯤 떨어진 농협에 차를 몰고 갔다오는 길에도 굽은 허리에 두 손을 얹은 채 바쁜 일이라도 있는 듯 부산하게 걸어가고 있는 그의 모습을 보는 수도 있었다.

2년 전 내가 이곳 복지리로 이사와서 약수터 갔다오는 길에 처음 그를 보았는데 그때 그는 산비탈에 있는 묵정밭을 일구고 있었다.

봄이라고는 하지만 아직 농사일을 시작하기에는 좀 이른 쌀쌀한 날씨인데도 그는 밭을 파고 있었다. 흰 머리는 어지럽게 헝클어지고 회색인지 흰색인지 잘 구별도 되지 않는 헐렁한 바지와 누리끼리한 색깔의 낡은 스웨터를 걸치고 부지깽이 같은 손으로 괭이질을 하고 있었다. 나는 길가 돌위에 앉아 그를 보고 있다가 말을 걸어보았다.

"할머니, 거기다 뭘 심으실 건가요?"

"들깨 심글라요, 들깨 묵고 오래 살라고."

다소 장난기 섞인 대답이 돌아왔다. 이렇게 해서 그와 처음 말을 트게 되었는데, 그는 나이가 여든넷이고, 고향은 영암이며, 자기 영감은 일찍 가버렸고, 지금은 딸네 집에서 살고 있다는 등 묻지도 않은 신상 이야기를 술술 털어 놓았다. 이때부터 동네 여기저기를 오가는 길에 종종 그를 만나면 내가 먼저 인사를 하고 말을 걸고 하면서 그의 호칭이 '영암떡'이 되어버린 것이다. 먼발치에서도 그가 보이면 나는 "영암떡!" 하고 큰 소리로 불렀고, 그러면 그는 "예!" 하고 큰소리로 대답하곤 했다.

그는 산비탈에 20평 쯤 되는 밭을 일구어 들깨, 땅콩, 옥수수 등을 심어 놓고 매일 밭에 나가 작물을 살피고 풀을 뽑는 등 일을 했는데 이상하게도 상추나 시금치 등 채소는 심지 않았다. 한번은 그 이유를 물었더니 사위가 들깻잎에 삼겹살 싸먹기를 좋아하고 외손자들이 땅콩과 옥수수를 잘 먹어서 그런다는 것이었다. 그는 그렇게 밭에서 살다시피 했지만 단 한 번도 딸이나 사위나 외손자 등 다른 가족은 볼 수가 없어 정말 그에게 가족이 있는지조차 의심스러울 정도였다.

남편을 일찍 여의고 딸네집에 살면서 산비탈에 밭을 일구어 사위와 외손자들이 좋아하는 작물을 심어 힘들게 가꾸는 영암떡.

뜨거운 햇볕에 늙은 몸으로 땀 흘리며 일하는 게 힘들어 보였지만 고되다거나 귀찮아하는 기색이라곤 보이지 않았다.

얼굴에 깊게 패인 주름살과 굽어진 허리에 스며 있는 세월의 두께가 한없이 무거워 보이지만 그 모든 걸 안으로 갈무리한 채 늘 웃는 표정으로 살아가는 영암떡의 모습이 아름답다. 약수터에서 혹은 시장에서 아직은 건강한 모습으로 바쁘게 걸어가는 그의 모습을 보는 일은 마음 흐뭇하다.

영암떡이 심은 들깻잎이 해마다 푸르게 우거지고 땅콩이 알차게 영글기를 바란다.

내일 또 어디에선가 그를 만나면 나는 어느 때보다 더욱 큰 소리로 "영암떡!" 하고 부를 것이다.

어떤 데이트

비가 오겠다는 기상예보가 있더니 과연 아침부터 초가을 비가 내리기 시작했다. 나는 다소 들뜬 마음으로 인천공항으로 차를 몰았다. 너무 서두른 탓에 공항 입국장에 들어섰을 때는 비행기 도착시간까지 한 시간이나 남아 있었다.

청사 밖에는 빗발이 점점 굵어지면서 바람까지 거세게 불었다.

생각하면 참 희한한 인연이었다. 3년 전 어느 날 저녁, 어떤 사람의 블로그에 댓글을 달고 있는데 그 시간에 그녀도 거기에 댓글을 쓰고 있었던지 그녀와 나의 글이 서로 엉키는 바람에 글로 대화를 나누게 된 사이였다. 그녀는 서울에서 대학을 졸업하고 결혼하여 수유리에 살다가 시가 쪽이 미국으로 이민을 해서 지금은 LA에 살고 있는 여자였다. 학교 다닐 때는 소설가 되는 게 꿈이었다고 했다. 3년 동안 댓글, 메일, 쪽지 등으로 글을 주고받으면서 보니 학창시절 문학소녀였다는 여자답게 문장력도 좋고 문법도 틀린 데 없이 글을 잘 쓰고 책도 많이 읽은 티가 났다. 3년 동안이나 글을 주고받고 했지만 그녀도 나도 사진을 올리지 않아 서로 얼굴도 모르고 있었다.

블로그에서 그녀의 닉네임은 Cloud였는데 본명이 윤진남이라고 했다. 엄마가 딸을 내리 셋이나 낳자 그녀의 할머니가 다음에는 진짜 아들을 낳으라는 의미로 '진남' 이라는 이름을 지어줬다는 것이다.

미국에 간 지 20년이 넘어 애들이 다 자라고 나니 시간적인 여유가 생기자 친정엄마 생각도 나고 조국의 변한 모습도 볼 겸 서울에 가려는데 안내를 좀 해달라고 했다. 서울에서 낳고 자랐지만 떠난 지가 오래되어 안내자가 필요하다면서 항공편과 도착시간을 적고 공항에 마중도 나와줬으면 좋겠다는 메일이 며칠 전에 왔었다.

드디어 비행기가 도착하고 사람들이 나오기 시작했다.

나는 준비해간 피켓을 꺼내들고 사람들 앞으로 나섰다. 피켓이라고 해야 B4용지에 매직펜으로 'welcome Cloud'라고 쓴 것을 펴서 두 손으로 들고 있는 것이었다. 오래지 않아 40대로 보이는 한 여자가 내 앞으로 걸어왔다. 170cm도 넘어 보이는 늘씬한 키에 청바지와 감색 점퍼, 흰 운동화에 조그만 검정색 가방을 들고 있었다.

"안녕하세요? 윤진남입니다."

그녀는 활짝 웃음 띤 얼굴로 고개를 까딱 하면서 말을 걸어왔다.

"아, 예, 제가 남운 입니다."

나는 다소 허둥거리면서 블로그에서 쓰는 닉네임으로 대답했다. 그때까지도 본명을 밝히지 않고 있던 참이었다.

그녀를 옆자리에 태우고 나서 어디로 갈 것인지를 묻자 엄마가 살고 있는 일산으로 가야 된다고 했다. 비는 계속해서 내렸다. 오랜만에 고국에 왔는데 하필이면 이때 비가 내려 안됐다고 내가 위로의 말을 하자 그녀는 그게 아니라고 했다. LA에서는 비가 너무 귀해서 날씨가 건조하기 때문에 비오는 걸 보는 것만으로도 축복이라고 말하는 그녀는 정말 즐거운 모습이었다. 나는 자꾸만 대화에 궁핍을 느끼는데 그녀는 적당한 간격으로 말을 계속하여 분위기를 어색하지 않게 유도했다. LA에 사는 우리 교포들 이야기, 한인촌에서 한국음식 사먹던 이야기며 날씨 등을 자연스럽고 편안하게 술술 풀어나갔다. 그녀가 주로 말하고 나는 듣는 쪽이 되었다. 대화기술이 별로인 나로서는 퍽 다행한 일이었다.

어디로 가야 하나? 그냥 그의 엄마가 산다는 일산으로 직행하기는 좀 서운했다. 명색이 안내자의 신분이 아닌가.

나는 김포 쪽으로 차를 몰아 대명리 해변으로 갔다. 비오는 날의 바닷가는 별로 안 좋을 것 같았지만 달리 갈만한 곳이 생각나지 않았다. 왕새우 소금구이 집으로 들어가 왕새우와 소주 한 병을 시켜 놓고 마주 앉았다. 그제야 그녀를 자세히 살펴보았다. 머리는 적당히 노란 빛을 띄우고 귀를 살짝 덮었는데 생머리를 자른 채로 그냥 둔 것 같기도 하고, 약간 파마 끼가 도는 것 같기도 했다. 둥글고 큰 눈에 까만 머루 알을 닮은 눈동자가 해맑아보이고 편안한 느낌을 주는 인상이었다. 여기서도 그녀가 주로 말하고 나는 듣는 편이었다.

"남운이 본명이세요?"

그녀는 아직까지 내가 본명을 밝히지 않은 걸 탓하고 있었다.

나는 그제야 본명을 밝히고 고향, 사는 곳 등 그녀가 궁금해 하는 것 들을 대강 말해 주었다. 그녀는 나의 첫 인상이 순박하고 마음씨 좋은 아저씨로 보인다고 하면서 환하게 웃었다. 그녀의 웃음은 나이답지 않게 설익은 풋사과의 향기를 풍겼다. 나는 차를 운전해야 하기 때문에 소주 두 잔만 하고 그녀는 석 잔을 마셨다. 비 내리는 해변에서 술잔을 앞에 놓고 여인과 함께하는 분위기가 즐거웠다.

어느새 시간이 많이 흘러 아쉬움을 남긴 채 일어서야 했다.

일산 호수공원 옆에 그녀를 내려주는 것으로 첫날의 안내자 임무는 끝났다. 그녀는 체류 일정이 5일간이라 했고 안내자가 필요하면 전화하겠다고 하면서 손을 흔들고 비를 피해 옆에 있는 상가 건물 안으로 뛰어 들어갔다.

그 후 그녀로부터 안내를 부탁하는 전화가 두 번 걸려왔다. 한 번은 한강에 나가 유람선을 타고 해질녘 서쪽 하늘에 곱게 타는 노을을 보면서 탄성을 발했고, 또 한 번은 땀 흘리며 관악산에 올라갔다 내려와서는 중국집 동천홍東天紅에 들어가 양장피 안주에 고량주를 마시며 잡다한 이야기들을 나누었다. 술기운이 돌자 그녀의 볼이 붉게 물들어 매혹적으로 보였다.

체류기간이 끝나고 그녀가 떠난다는 날 나는 공항에 나가지 못 했다. 엄마가 전송 나오기 때문에 내가 나가면 안 된다고 해서 좀 서운했지만 어쩔 수 없었다. 그날 저녁에는 약간 허전한 마음으로 혼자서 소주 한 병을 다 비우고 잠이 들었다.

그녀가 떠나고 이틀 후 컴퓨터를 열자 Cloud에게서 메일 한 통이 와 있었다.

"비행기 출발 2시간 전에 갑자기 일이 생겨 서울에 못 갔습니다. 마침 그 비행기로 서울에 가는 친구가 있어 공항에서 남운님 만나 저의 사정을 전해달라고 했더니 친구가 저로 가장하여 장난을 쳤다고 하네요.

죄송해요. 그나저나 데이트는 즐거우셨어요?"

書評

하병주(河炳珠)의 제2 수필집

《막걸리 한잔 하고 가시오》를 읽고

정진권(수필가, 한국체대 명예교수)

나는 하병주의 첫 수필집 《새웃골 솔밭 그늘에》를 읽고 그 독후감 몇 줄을 쓴 일이 있다(2015, 該수필집 소재). 이제 하병주가 두 번째 수필집을 낸다고 해서 함께 공부하는(신촌 에세이 포럼) 인연으로 또 이 독후감을 쓴다.

나는 그의 첫 수필집을 읽고 쓴 글(독후감 또는 서평)에서 그 심중에 내재하는 '고향'의 심상(心象)을 말한 바 있다. 이번 수필집에도 그의 '고향'은 여전히 회상(回想)을 통하여 여러 모습으로 드러난다. 다음은 그 두어 예.

초등학교 졸업식 날, 졸업식이 끝나자 담임선생님이 우리 그동안 못 다한 이야기 다 하고 헤어지자고 했다. 그래 이야기들이 막 튀어나왔다. 그 중 복남이와 금순이의 연애 사건에 관한 이야기는 압권이다. 그 둘은 일찍이, 보리밭에서 함께 나오더라는 소문이 나돌았던 사이다.

자, 그 마지막 교실–.

누군가가 복남이에게 물었다. 보리밭에서 금순이와 단둘이 만난 게 사실이냐고. 복남이가 그렇다고 대답했다. 그러자 또 다른 애가 그때 보리밭에서 둘이 무엇을 했느냐고 물었다. 온 교실이 떠나갈 듯 웃음바다가 되었다. 금순이는 고개를 푹 숙이고 앉아 있었다. 선생님도 배를 움켜쥐고 한참 동안을 웃었다. 그때 복남이는 열아홉, 금순이는 스무 살이었다.

–〈그때는 그랬다〉

초등학교짜리가 열아홉, 스물? 그때는 그랬다. 선생님도 배를 움켜쥐고 웃는 즐거운 회상이다. 그 속엔 아련한 그리움이 있다.

한 예 더 보자. 하병주에겐 대학 때 사귄 절친 Y가 있다.

그의 고향엘 가면 그 어머니가 친아들처럼 대해 주었다.

그리고 졸업, 둘은 직장을 따라 서로 멀리 헤어졌다. 그러나 전화는 끊이지 않았다. 그 동안 둘 다 결혼을 하고 아이도 낳았다. 어느 여름, 휴가 날짜를 맞추어 두 가족이 함께 해수욕장에 가자는 약속도 했다.

그가 또 전화를 했다. 자기 딸과 우리 아들이 동갑이니 사돈을 삼자는 것이다. 나는 그냥 웃고 말았는데 그게 내가 들은 그의 마지막 목소리였다. 그 후 얼마 안 있어 그의 아내에게서 전화가 걸려 왔다. 그녀는 흐느끼느라 말을 제대로 이어가지 못했다. 띄엄띄엄 들리는 소리는 Y가 저 세상으로 가 버렸다는 것이다.

5월이었다.(중략, 교통사고였다.) 벌써 수십 년이 지났지만 순박하게 웃던 모습이 지금도 눈에 선하다. 아무리 그리워도 다시는 볼 수 없는 친구, 키가 커서 걸음을 걸을 때는 상체가 흔들거리던 그 친구가 몹시도 그립다.

–〈5월이 오면〉

이 글은 〈그때는 그랬다〉와 달리 퍽 슬픈 회상이다. 그러나 그리운 정이 그 배면(背面)을 흐르는 것은 전혀 다르지 않다.

하병주의 이 수필집엔 회상의 형식을 띤 글이 퍽 많다. 〈시골에 살기〉, 〈따뜻한 거리〉같은 글이 그 대표적인 예다. 이 글들은 고향 이야기가 아니면서도 고향을 느끼게 하는 데가 있다.

나는 그의 첫 수필집 독후감에서 하병주의 정(情, 가슴이 훈훈해질 때)에 대해서 잠깐 말한 일이 있다. 그 정은 이번 수필집에 더 짙게 나타나는 것 같다. 우선 그 한 예, 그 계모 이야기다. 하병주는 너무 일찍 생모가 작고해 그 얼굴도 모른다. 계모는 그런 어린 하병주를 자기 소생과 다름없이 길렀다. 하병주가 학교에 다닐 때는, 우리 아들(하병주) 하나만 출세하면 온 집안에 꽃이 핀다며 무슨 고생도 마다않던 계모다. 그 계모가 노환으로 돌아갔다. 다음은 그 입관(入棺) 때–.

거기 어머니가 누워 계셨다. 얼굴을 덮었던 천을 벗기니 핏기 없는 얼굴이 목각 인형 같았다. (중략) 생시보다 훨씬 작아진 몸과 쪼그라든 얼굴, 7남매를 낳아 길러내고 혼자된 몸으로 온 집안 살림살이를 휘어잡아 처리해 나가던 그 당찬 뚝심은 어디서 나왔을까. 손을 잡아봤다. 차디차고 딱딱한 감촉이 마치 바싹 마른 거칠거칠한 나뭇가지 같았다.

–〈엄마 잘 가, 엄마 잘 가…〉

이 장면을 읽노라면 아무 상관도 없는 내 눈에도 눈물이 돈다. 그 계모에 대한 하병주의 정이 너무 짠해서 그럴 것이다. 친모도 모지게 홀대하는 작금의 패륜(悖倫)들을 생각하면 이 한 장면은 여간 감동적이지 않다.

하병주의 이런 정은 가족에 한하지 않는다. 몹시 추운 어느 겨울날 해가 설핏한 저녁때다. 집으로 돌아가는 길, 길가에 좌판을 놓고 두부, 청국장, 콩나물 등속을 파는 여인이 하병주를 부르며 "아버님, 두부 한 모 팔아주세요." 한다. 그러나 그는 너무 추워 돌아보지도 않고 지나친다. 그리고 집에 돌아와 추위를 녹이자 문득 그 여인이 떠오른다.

몸을 잔뜩 움츠리고 서서 두부, 콩나물 사 달라던 가여운 여인, 하병주는 다시 옷을 걸치고 집을 나선다.

두부 한 모와 콩나물 한 봉지를 4천 원에 샀다. (중략) 두 가지를 사면 5백 원 깎아준다면서 내미는 동전을 받지 않고 그냥 돌아섰다.

"감사합니다, 고맙습니다, 맛있게 드세요."

생각하기에 따라서는 그리 큰일도 아니다. 그러나 추워서 그냥 지나쳤던 그 길가에 다시 나가 두부 콩나물 사는 그 정은 큰일 작은 일을 떠나서 아름답지 않은가? 메마른 세태를 생각할수록 나는 이 이야기가 더욱 아름다워 보인다. 사람에 대한 이런 정은 이 책 도처에서 볼 수 있다(가령 〈이모〉, 〈윤 영감네〉 등).

하병주의 이런 정은 비단 사람만이 아니고 짐승에게까지 미친다(〈까치 부부〉, 〈저승과 이승의 차이〉 등), 아니, 그것은 풀과 나무로까지 확산된다(〈두루미 천남성〉, 〈느티나무〉 등). 하병주는 역시 정 있는 사람이다.

그의 첫 수필집을 읽고 그 독후감을 말할 때 나는 그의 일상적인 생활(가정사 같은)에 관해서는 별로 언급한 게 없다. 이번 책에도 이른바 그 일상적인 생활을 말한 글은 그리 많지 않다. 그래도 한두 편은 말해야 할 것 같다.

우선 그 마나님과의 이야기-.

나이가 좀 들어가자 각자 자기의 빛깔을 띠게 되고 고유의 목소리를 낸다. 전에는 같이 외식을 나가면 서로 다른 걸 고르는 일이 없었다. 무엇이든 한쪽이 선택하면 같은 걸로 통일하곤 했다. 하지만 지금은 다르다. 나는 얼큰한 민물매운탕이 좋은데 아내는 갈빗집을 찾는다. 그러면서도 마찰음은 옛날보다 오히려 덜 난다.(중략, 지금은) 아내가 끓인 된장국이 내 입맛에 맞지 않는다고 해서 그것 때문에 불협화음이 나지는 않는다.

–〈혼자 있다 보면〉

참 그렇다. 외식 때 같은 걸 먹으면서도 마찰음을 내던(본문에 직접 언급은 안 했지만 문맥상 그랬을 것) 젊은 시절, 다른 걸 먹지만 하모니를 이루는 지금, 이 장면을 읽으면 성숙(成熟)이란 단어가 절로 떠오른다. 한 예 더 보자.

윗글이 마나님 이야기라면 이 글은 두 아드님 이야기다.

언젠가 한번은 중고생인 두 이들과 같이 3부자가 어느 낚시클럽에 끼어 충주호로 밤낚시를 간 일이 있다. 그 좋은 낚시터에서 하룻밤을 지새웠지만 나는 단 한 마리도 건져 올리지를 못했다. 가자마자 포인트 잡아서 낚시 한번 던져 놓고는 밤새껏 술 마시고 왔다 갔다 하면서 놀았던 것이다. 그래도 끝나고 올 때 낚시클럽에서 나에게 특별한 상을 주었다. '삼부자 화목상'이었다.

–〈나의 낚시법〉

중고생 아들들 데리고 밤낚시 가 하룻밤을 새우는 아버지, 술만 먹었다고는 하지만 그 아들들과 밤낚시 가는 것만 해도 그 아버지가 '삼부자 화목상' 받을 만하지 않은가?

정말로 부자유친(父子有親)이다.

그의 일상사를 쓴 글은 몇 편 더 있다.〈인과응보 – 마나님과 밤 따러 갔다가 마나님은 밤송이에 맞고 하병주는 벌에 쏘이고, 껄껄.)〉, 〈고라니 좋은 일만 했다 – 아들 농사 지어 며느리 좋은 일만 했다는 것)〉두 편은 압권이다. 계속 미소를 띠게 한다. 계속 고개를 끄덕이게 한다.

이번 수필집은 특정 인물을 주요소재로 한 글이 의외로 많은 것 같다. 첫 수필집에선 그리 뚜렷하게 나타나지 않은 사실이다. 객지에 나가 어렵게 중학교를 다니던 하병주에게 극진했던 친구의 어머니 J여사(〈은인〉), 친절하고 상냥한 간호사(〈안녕하세요〉, 이기적이긴 하지만 절망 속에서도 희망을 놓지 않는 여인(〈OK선생님〉), 교양과 품위를 갖춘 지하철의 여자(〈뜨개질하는 여자〉), 참 못된 건축업자(〈놀부의 후예〉, 사양(斜陽)의 마트에 앉은 쓸쓸한 노인(〈윤영감네〉), 부지기수다. 그 중 두어 예만 들어 본다.

우선 봉사하는 여인 L여사–. 그녀는 7남매의 맏이다. 일찍이 어머니를 여의고 그 어린 동생들에게 엄마 노릇까지 하면서 힘든 세월을 보냈다. 그리고 장성, 결혼, 하늘이 도우셨나, 부(富)와 사회적 지위를 누리게 되었다. 그러나 늘 겸손, 무슨 티 한번 안 내고

토요일에는 남편과 함께 노인복지회관에 나가 노인들을 위한 봉사활동도 한다. 또 일요일에는 성당에 가서 미사 드리고 교우들 300명분의 식사 챙겨 주는 일을 돕는다. 그러니 주말이나 공휴일에도 한가한 틈이 없다. (중략)

내 아내가 L여사에게 물어본 적이 있다. 이제는 인생을 즐기면서 편하게 살아도 되는데 왜 늘 동동거리면서 바쁘고 힘들게 사느냐고.

그녀는 말없이 웃기만 했다.

–〈L여사의 사계〉

부(富)와 사회적 지위, 특히 권(權)을 누리는 사람들 중엔 오만과 방자, 사치와 낭비에 물든 사람이 적지 않다. 하병주는 이 글을 통해서 그런 사람들을 경계하고 L여사 같은, 늘 겸손, 티 한번 안 내고 이웃에 봉사하는 사람의 더 많은 출현을 기대한 것 같다.

한 예 더-. '이모'라고 불리는 가여운 여인이 있다. 부부가 맞벌이하는, 하병주네 앞집에서 한 주에 사흘, 그 집 일곱 살 먹은 딸내미(아주 버릇없는 못된) 봐 주고 허드렛일도 하고 한 달에 60만 원 받는, 퍽도 힘들게 사는 여인이다. 그녀는

반 지하 두 칸짜리 방에서 월세로 사는 이모는 딸, 아들 남매를 두었는데 딸은 출가하고 지금은 세 식구밖에 없으니 많은 편은 아니지만 돈을 벌어들이는 사람은 이모 혼자뿐이다. 남편이란 사람은 믿을 수가 없다. 아파트 경비원으로 들어가도 한 달을 못 버티고 나오기를 반복하고 있다.

게다가 서른 살이 넘은 아들은 하루 종일 컴퓨터에 매달려 게임만 하면서 안 벌고 안 쓰겠다고 한다니 속이 터질 일이다.

-〈이모〉

L여사의 이야기가 흐뭇한 정서에 젖게 했다면 이 이모 이야기는 나를 분노와 연민에 빠지게 하지 않았나 싶다. 사회적 불평등에 대한 분노, 개인적 운명에 대한 연민, 하병주도 혹 그런 생각에서 이 글을 쓰지 않았나 싶다.

자, 한 예 더 들자. 가을이다. 벼 읽는 들이 더없이 아름답다. 하병주, 그런 가을 몇 장 카메라에 담아 오려고 산을 오른다. 산, 가을 정취, 그는 거기 흠뻑 젖었다 내려와 논둑길을 걷는다. 집으로 돌아오는 길, 누가 부른다.

"막걸리 한잔 하고 가시오."

돌아보니 벼를 베다가 쉬면서 새참을 먹고 있던 사람이 손짓을 했다. 그렇잖아도 속이 출출하고 목도 마른데 잘 되었다 싶어 가까이 가보니 칠순이 넘어 보이는 나이 많은 부부였다.

"아니, 연세도 많으신데 벼를 낫으로 베세요?"

"허허, 이렇게 삽니다. 이 몸이 늙은 농부요."

자칭 늙은 농부라고 말하는 영감님이 놋대접이 철철 넘치게 막걸리를 따라 내게 넘겨줬다.

"자, 막걸리 한잔 하고 인생길 쉬엄쉬엄 가요. 서두를 것 뭐 있소?"

(중략) 목마르고 출출하던 참이라 막걸리 한 대접을 단숨에 비워 버렸다.

"허허, 그 양반 술 한번 맛나게 자시네."

또 한 대접을 따라놓았다. 두 노인이 다 혈색도 좋고 건강하게 보여 늙은 몸으로 힘들게 일하는 고달픈 기색이 없고, 영감님의 말하는 품으로 보아 학식도 꽤 들어 보였다.

–〈막걸리 한잔 하고 가시오〉

이 글은 이 수필집의 표제작이다. 술 한잔, 하병주는 나만큼이나 술을 좋아한다. 그의 글을 읽어 보면 세 편 중 한 편엔 반드시 술이 등장한다. 술 먹고 저지른 실수담도 솔직하게 피력한다(〈술 유감〉). 그러나 이 글은 그런 술 이야기가 아니다. 인심 좋다는 이야기도 아니다. 그런 요소가 전혀 없는 것은 아니지만, 그보다는 막걸리 한잔에 쉬엄쉬엄, 서두를 것 없이 유유자적(悠悠自適)하는 한 노인을 형상화(形象化)하려는 데에 악센트(傍點)가 있다. 참 부러운 인간형이다. 하병주도 그의 노년(老年)을 이렇게 보내고 싶었던 걸까? 아니, 노년의 유유자적, 이것은 누구나 다 바라는 바일 것이다. 노욕(老慾)을 못 떨쳐 늘 찌푸리고 사는 내가 이 자칭 농부 앞에 많이 부끄럽다.

이제 이 글을 마쳐야겠다. 내가 하병주의 제2수필집인 이 책을 제대로 읽었는지 어떤지는 잘 모르겠다. 그러나 제대로 읽었든 못 읽었든 그의 글을 사랑하는 많은 분들은 내 독후감과 관계없이 그의 글에서 내가 말하지 못한 촉촉한 정서와 산뜻한 의미를 찾아낼 것이다.

끝으로 하병주의 문운을 빌며 이만 붓을 놓는다.

– 2016. 9.

막걸리 한잔 하고 가시오

하병주 수필집

인 쇄 2016년 11월 15일
발 행 2016년 11월 20일

지은이 하병주
발행인 서정환

펴낸곳 신아출판사
주 소 전라북도 전주시 완산구 공북1길 16
(태평동 251-30)
전 화 063-275-4000
이메일 bjha0313@hanmail.net

출판등록 제300-2013-10호
인쇄·제본 신아출판사

ISBN 979-11-5605-390-3 03810
값 13,000원

이 도서의 국립중앙도서관 출판시도서목록(CIP)은 서지정보유통지원시스템 홈페이지(http://seoji.nl.go.kr)와 국가자료공동목록시스템(http://www.nl.go.kr/kolisnet)에서이용하실 수 있습니다.
(CIP제어번호: CIP 2016027380)

Printed in KOREA